AI伴学

李尚龙 ◎ 著

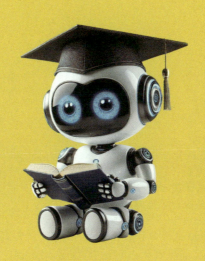

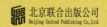
北京联合出版公司
Beijing United Publishing Co.,Ltd.

图书在版编目（CIP）数据

AI 伴学 / 李尚龙著 . -- 北京 : 北京联合出版公司，
2025. 3. -- ISBN 978-7-5596-8241-3

Ⅰ . G634.673

中国国家版本馆 CIP 数据核字第 20259XN710 号

AI 伴学

作　　者：李尚龙
出 品 人：赵红仕
责任编辑：管　文
封面设计：末末美书
版式设计：张　敏
责任编审：赵　娜

北京联合出版公司出版
（北京市西城区德外大街 83 号楼 9 层　100088）
北京华景时代文化传媒有限公司发行
河北鹏润印刷有限公司印刷　　新华书店经销
字数 148 千字　　880 毫米 ×1230 毫米　　1/32　　9.25 印张
2025 年 3 月第 1 版　　2025 年 3 月第 1 次印刷
ISBN 978-7-5596-8241-3
定价：59.00 元

目 录

Chapter 1 | 秒懂 AI，从小白到小专家

- AI 到底是什么？　/ 002
- AI 的三大秘密武器　/ 010
- AI 的"武器库"和局限性　/ 016
- AI 对我们的深远影响　/ 017
- 更多关于 AI 的故事　/ 021
- 未来小达人：找到你身边的 AI　/ 025

Chapter 2 | 打造你的 AI 学习工具箱
挑选属于你的超级助手

- 新手攻略：如何找到适合你的 AI 工具？　/ 036
- AI 鉴定员任务：评估你的 AI　/ 040
- AI 的安全问题　/ 046

Chapter 3 | 用 AI 开启学习新方式
预习、复习有妙招

预习小能手：用 AI 让你领先一步 / 058

上课不犯困，AI 帮你整理知识点 / 066

复习神器：查漏补缺不再难 / 072

Chapter 4 | 让 AI 变成你的自律教练
高效学习，从自我管理开始

学习小秘书：制订你的专属学习计划 / 084

进度追踪神器：和 AI 一起设立一个小目标 / 089

发现学习瓶颈，及时调整策略 / 096

时间管理任务：制订并完成学习计划 / 103

Chapter 5 | AI 为你的兴趣加油
探索更广阔的世界

兴趣探索指南针 　/108

项目式学习：AI 陪你完成闭环任务 　/116

跨学科学习：打破界限，激发创造力 　/121

探索者任务：用 AI 完成一个小项目 　/127

Chapter 6 | 全面提升综合素质
成为全面发展的宝藏学生

AI 多面手：助力你的全面发展 　/140

AI 健康管家：设计你的专属健身计划 　/147

心灵成长小助手：用 AI 管理情绪 　/156

Chapter 7 家长和 AI 的联手策略
陪伴孩子的学习冒险

家长的 AI 指南针 /168

让 AI 成为亲子沟通的桥梁 /174

让 AI 助力智慧沟通 /178

家庭 AI 任务：与孩子一起完成一项 AI 学习挑战 /184

Chapter 8 成为未来 AI 达人
让 AI 学习更上一层楼

小学萌芽：AI 启蒙之旅 /194

初中进阶：AI 应用能力大提升 /201

高中跨越：AI 视野与社会责任 /215

"未来小专家"任务：规划自己的 AI 学习路径 /223

Chapter 9 | 特别篇：让 DeepSeek 成为你的学习助手

DeepSeek 是什么　/230

DeepSeek：解锁学习新技能　/240

DeepSeek：和你一起高效学习　/249

适合用 DeepSeek 辅助学习的 12 个方法　/258

后记　AI 时代，你我共进　/273

附录 1　100 个常见 AI 问题　/275

附录 2　适合中小学生使用的 AI 工具　/283

秒懂AI，从小白到小专家

 AI 到底是什么？

  各位读者，大家好！欢迎打开这本关于人工智能的书籍。在开始之前，我想与你分享一个小故事，一起聊聊什么是 AI。

  首先，请不要将 AI 视作洪水猛兽，也不要觉得 AI 是遥不可及的高科技，只有少数人才可以使用。事实上，AI 将会像你日常使用的筷子、勺子一样，成为生活中常见的工具。就好像我们的祖先在茹毛饮血的时代，对餐具一无所知，然而，随着时间的推移，这些工具已经成为我们生活中必不可少的一部分。

  让我们做一个简单的假设。有一天你放学回到家，发现家里发生了奇妙的变化，你刚进门，看到妈妈对着空气喊了一句："小度、小度，今天的晚餐，我们想吃热干面，请帮我下单。"接着，一个甜美的声音回应道："好的，热干面已下单，预计 30 分钟内送达。"你继续走进客厅，发现扫地机器人正勤勤恳恳地清理地板，更神奇的是，它还从两侧伸出机械手，细致地擦拭着桌子、椅子和凳子。

你放下书包，看到桌面上弹出一条提示——是的，桌子竟然是一面透明的屏幕！屏幕上显示："嗨，今天你还有数学作业未完成，准备好了吗？我已经准备好解题工具帮你检查了。"你打开屏幕，开始与它互动，通过对话完成了数学作业。

半个小时后，门铃响了。你兴高采烈地去开门，想看看是谁送来了热干面。打开门，竟然是一个机器人提着外卖，微笑着，举着它的机械手，对你说："祝您用餐愉快！"

上述系列场景并非天方夜谭，而是极有可能在未来短时间内实现的。这些涉及我们今天要探讨的话题——人工智能（AI）和通用人工智能（AGI）时代。在那个时代，我们生活中的一切都可能与硬件和软件相结合，进入超级人工智能的世界。

此时，你或许会瞪大眼睛问妈妈："妈妈，这些东西怎么这么聪明？它们会不会比我还厉害？"妈妈笑着回答："这就是人工智能，生活中的小帮手。"你有些担心地继续问："它们这么厉害！那我未来会不会被它们替代？"妈妈拍拍你的肩膀，说："真正厉害的是会使用它们的人。所

以，你要学会如何使用它们。"

那么，什么是人工智能呢？人工智能英文简称 AI，全称是 Artificial Intelligence，Intelligence 不仅有智慧的意思，还有情报的含义。也就是说，AI 除了具备智慧，还能精确掌握大量信息，你可以把它想象成一台超级聪明的电脑。

过去，我们需要学习各种编程语言才能与电脑"交流"，就像我们只有学好外语才能与外国人沟通一样。但现在不同了，这台超级聪明的电脑无须你学会它的语言，你只需用自然语言，也就是我们的日常用语，就能将你的想法传达给它。这也是为什么我特别鼓励你，无论你现在是小学生还是中学生，一定要把语文和英语学好。未来，只需要掌握人类的自然表达方式，就能与机器进行无限对话，而无须学习复杂的编程语言。

AI 不像普通的机器那样只听指令，它还能自我学习、自我思考，就像我们在课堂上学习知识一样。那么，AI 与人脑比，有哪些优点呢？人脑会思考、会感受、会创造，但有时会偷懒。想一想，你是不是也有犯懒的时候？比如，吃完饭特别想睡一觉，或者什么都不做，只想看一集动画片。AI 则不会，AI 的特点是学习速度快、记忆力强、逻辑能力出众，但它只能执行你交给它的任务。

AI 就像班级里的学霸，不仅聪明，而且从不偷懒。老师给它讲解规则，只要规则明确，它就能按照这些规则解决问题。例如，它可以帮你完成作业、解答数学题。规则一旦确定，这位学霸就能所向披靡。然而，如果没有老师的指导，它就迷路了，不知道该怎么办了。

因此，最重要的一点是：你必须明确自己想让 AI 为你做什么。如果你自己都不清楚需要 AI 做什么，它就会像一个迷路的人那样陷入迷茫，或者像一只迷失在森林里的小兔子那样可怜。

我想强调的是，你需要注重体验。即使你尝试向 AI 发出指令失败了，也是一种宝贵的体验。无论事情成功还是失败，只要你亲身经历过，就能从中学到东西。只有真正做过，了解结果的人，才能知道如何向 AI 发出指令，教会它规则。你需要理解规则的运作方式和结果，才能有效地引导 AI。

所以，请记住，无论你现在做的事情看起来有没有用，都是一种体验。如果你总是认为某件事没有用，就不去尝试，那么未来你可能会陷入困境。我有时也会想，既然每个人最终都会离开这个世界，为什么还要活着呢？后来我明白了，生命本身就是一种体验。

其实，AI 早已悄悄进入了我们的生活。教育部门鼓励中小学生拥抱 AI，就是因为 AI 已经深入了我们的生活。那么，AI 都有哪些本领呢？我们可以将 AI 的本领分为三个部分，分别是生活助手、学习神器和未来科技。我们手机里的 Siri、Alexa 等 AI 工具可以回答各种问题、定闹钟、播放音乐和影片。还有推荐算法，当你刷短视频时，AI 会根据你的喜好推荐内容。你可以和朋友一起试试，每个人刷十次，看看推送的内容是否相同。我想你会惊讶地发现，每个人的内容都不一样，因为 AI 根据每个人的兴趣进行了个性化推荐。从今天开始，一定要合理使用人工智能来辅助学习。在美国，许多学校和机构已经允许学生使用作业小助手来帮助学习，这里的作业小助手指的就是 ChatGPT。我们国家也有类似的人工智能，你可以在本书中找到。

我强烈建议大家利用 AI 来检查语法、解方程，甚至整理课堂笔记，这样就不必再为烦琐的任务耗费时间和精力。另外，AI 还可以成为你的翻译小帮手，如果你不懂英语或日语，但又想了解其背后的逻辑和价值观，AI 也能帮助你"秒懂"外语文章。如果你想读一本英文漫画书，想看一部没有中文字幕的"超级英雄"电影，AI 也可以帮你解决。

未来，AI 会越来越深入并影响现代人的生活。

听到这里，你可能有些激动，也有些担心："AI 这么聪明，而我这么'笨'，该怎么办啊？"的确，AI 看起来很聪明，但有时也会犯傻。为什么说它聪明？因为它能快速处理海量数据，比如可以在极短的时间内查阅整个图书馆的资料，拥有超强的数学运算能力，解答非常复杂的题目可能也只需一秒钟。然而，为什么说它也会犯傻呢？因为它无法自主决定做什么，需要别人告诉它规则，而这个

"别人"就是你。你必须明确地告诉它你的需求，如果问题太复杂，它也可能出错。比如，它可能会把长颈鹿看成高个子的马，因为在它的算法中，这两者有相似之处。

想想看，如果 AI 会出错，那么在关键时刻，比如作为医生的助手，它可靠吗？再比如，AI 在哪些地方容易出错？这些都是未来你可以关注和研究的方向。

谈到未来，我们也来了解一下 AI 的前世今生。早在 20 世纪 50 年代，科学家们就提出了人工智能的概念，他们希望创造出能像人类一样思考的机器。当时还发明了一个著名的词——图灵测试。简单来说，当一台机器被关在一个房间里，与人交流，如果人类分辨不出它是机器还是人，它就通过了图灵测试。

现在，AI 早已通过了这一测试。早在 2017 年，人工智能程序 AlphaGo 就与世界顶级围棋选手大战数百回合，最终战胜了人类选手。这表明 AI 已经具备了强大的智能。

未来，AI 将变得更加智能。比如，当人类有机会移民到火星，它可能会成为太空探险家，帮助我们寻找新的星球。

相信你已经对 AI 有了一定的了解，也见识了它的神通广大。现在，轮到你了！让我们做一个小活动，在你的生活中，找到三个 AI 应用，并思考它们是如何帮助你的。

 学习关卡

了解 AI

·借用爸爸妈妈的手机，列出三个使用 AI 的应用。比如导航工具、视频推荐、语音助手等。

·观察家里的智能设备，想一想，它们是如何让生活变得更加方便的？如果没有它们，你的生活会发生怎样的变化？

·和家人讨论一下，如果没有 AI，我们的生活会遇到哪些麻烦？

·如果你有一台机器人，你希望它做什么？

 你已收获

在这一节中，你了解了 AI 的基本概念、AI 的聪明之处，以及 AI 在生活中的具体应用。AI 并非魔法，而是一种通过学习数据才变得聪明的工具，而你需要做的，就是明确自己想要什么，清晰地发出指令。你准备好开启这场学习冒险了吗？

AI 的三大秘密武器

关于 AI 的三大秘密武器，我们要从一个科学实验室的故事开始说起。

放学后，你和同学们在科学实验室，围在一起激烈地讨论一个问题：AI 真的有那么聪明吗？虽然父母已经给了答案，但你心里仍充满疑惑和一丝恐慌。这时，老师走过来，手里拿着一盘围棋，说："来，我们试着教 AI 下围棋吧！"你一脸困惑地问："AI 怎么学？它又没有老师，也不会看书，它该怎么学呢？"

老师笑着打开电脑，展示了一段围棋训练的视频，说："这就是 AI 学习的方法。"老师把这段围棋训练视频"喂"给 AI。AI 进行简单运算后，竟然学会了下围棋，而且越下越好。没错，它能够从大量的数据中学习并提升自己。通过观察和反复练习，AI 的某些能力甚至可以超越人类。

那么，AI 的三大秘密武器究竟是什么呢？答案是机器学习——这是 AI 最核心的学习工具，除此之外还有深度学习和数据。

◆ 机器学习：海量数据与规律发现

　　机器学习是 AI 最基本的技能。它主要通过两种方式来学习：第一种方式是观察数据，就像我们看老师写的板书一样，AI 会观察并记住海量的板书。不同的是，人类可能只能记住老师讲的一节课，AI 却能快速阅读并吸收全世界的课件、图片、声音、文字等数据。举例来说，如果你打开手机相册，搜索"猫"，AI 能帮你找到相册中所有包含猫的照片。这是因为 AI 已经从上百万张猫的图片中"记住"了猫的特征——尖耳朵、长胡须、圆眼睛。第二种方式是找规律，AI 会从数据中提取出规律和模式。例如，当 AI 看过十万张猫的照片后，即使再看到一张从未见过的猫的照片，也能准确识别出来，它是依赖数字计算和模式来进行识别的。

◆ 深度学习：AI 的"大脑进化"

深度学习是机器学习的"升级版"，它模仿人类大脑的神经网络，让 AI 理解更复杂的内容。人类大脑中有神经元，通过相互连接，我们能记住知识。AI 的深度学习同样通过"神经网络"来进行，并且有两个显著特点：一是可以模仿人类情感和语气；二是 AI 不仅能识别情感，还能生成内容。例如，AI 能判断笑容的类型——是开心的微笑，还是冷漠的假笑。目前有一些工具已经让 AI 在艺术创作中展现天赋：使用 Midjourney 或豆包，AI 可以画出比普通人画得更精美的画作；用 Suno 软件可以让 AI 作曲，只需几次点击就能生成美妙的音乐。AI 甚至能模仿人声，改变语调，例如用 AI 为小朋友讲睡前故事，它发出的声音温柔而真实。除此之外，AI 还能识别复杂的模式，理解电影情节、阅读复杂文章，甚至还可以模仿人的写作风格。

◆ 数据：AI 的"食物"

数据是 AI 的"食物"。没有数据，AI 就像一个饥饿的孩子，什么都学不会。你有没有饿着肚子上学，一个字也写不下去的经历？AI 也是这样。它的"食物"并不是面包和牛奶，而是人们每天产生的信息——拍的照片、聊天记录、浏览的网页。

数据为什么重要？因为数据能让 AI 了解世界。

例如，AI 会根据你喜欢的内容推送相似的视频，这是因为你的观看记录和在某类视频上的停留时间告诉了 AI 你的偏好，每次交互，AI 都在偷偷"变聪明"，数据越多，它越了解你。

AI 的成长也像运动员一样，既需要"食物"，也需要"训练场"。AI 的训练过程分为两个阶段：第一个是训练阶段。AI 首先用大量数据进行训练，例如，它可能被"喂"上百万张猫的照片，然后不断调整方法，直到识别率接近 100%。第二个是实战阶段。当训练完成后，AI 会进入

"实战"环节，比如帮你将相册里的猫咪照片分类，或者回答问题。通过这些"实战"，AI会继续学习新东西，变得越来越精准。

如果AI犯错，它会调整自己，避免下次再犯。这种"避免内耗"的学习方式值得我们借鉴。比如，如果你做错了事，可以告诉父母："我下次不再犯了！"

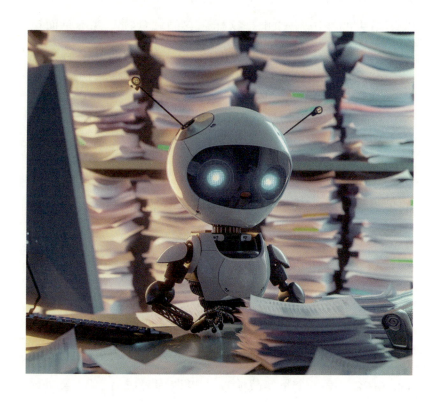

体验机器学习的过程

·找出 10 张苹果的图片和 10 张香蕉的图片，并把这些图片分成两类。

·让 AI 观察这些图片，记住苹果和香蕉的特征。

·用新的图片测试 AI 能否进行分辨。

·统计 AI 的错误率，并给它评分。

在这一节中，你知道了 AI 的三大秘密武器：机器学习、深度学习和数据。它们让 AI 变得聪明，但也有局限性。AI 不是魔法，而是基于科学的力量形成的工具，它需要你的指导。

 AI 的"武器库"和局限性

　　AI 的强大离不开以下三个工具：第一个工具是算法，算法是 AI 的"大脑指令"，指导它该如何操作。例如，推荐算法可以根据你的喜好推送内容，识别算法能从图片中找到特定物体（如二维码）。第二个工具是算力，AI 的算力是它超强运算速度的来源。借助超级计算机和云计算，AI 可以同时处理上千万条信息。第三个工具是模型，模型是 AI 经过训练后的"毕业生"，可以独立完成任务。例如，翻译模型、解题模型等。模型越成熟，AI 的表现越优秀。

　　虽然 AI 很强大，但它有三个短板。第一是离不开数据。对于 AI 而言，没有数据，AI 一无所知。第二是它只能基于现有知识进行推演，无法进行创新，也不能创造全新的规则。第三是它无法自主决定目标，必须依赖人类的指令，需要人类的指导。

　　因此，同学们，从今天起，请学会提问。只有你提出明确的指令，AI 才能发挥最大的价值。

AI 对我们的深远影响

在某个周五的晚上，你和同学们正围在一起讨论一个热门话题：AI 是如何影响我们的生活的？

你的同学小红兴奋地说："我用 AI 写了一篇作文，竟然得了高分！不过，我有点担心，这算不算作弊啊？"另一位同学小刚说："这不算作弊，因为你肯定还会加入自己的理解进行调整，就像 AI 帮我查了很多资料，虽然它查得很快，但这些资料还是得我自己去理解才行。"

讨论渐渐热烈起来，越来越多的故事被分享出来：

有人用 AI 帮忙解数学题；

有人用 AI 画了一幅超酷的插画；

有人用 AI 创作了一首动人的歌曲；

有人用 AI 写了一篇短篇小说；

还有人借助 AI 翻译器和外国朋友聊天，克服了语言不通的障碍。

这些都是 AI 的好处，它让我们的生活更加便利，也带来了更多的可能性。然而，每个人对 AI 的感受不同，你需

要思考以下几个问题：

AI 是帮手还是对手？

有人认为 AI 是学习的好帮手，但也有人担心 AI 会取代人类的工作，比如写文章、画画等。你怎么看？

AI 会改变你的未来吗？

AI 的出现可能会改善我们的学习方式、生活习惯，但前提是你要学会正确使用它。

AI 能为家庭带来哪些改变？

和家人讨论一下：如果 AI 变得比我们还聪明，它可以帮爸妈做哪些事？比如，能不能减轻家务压力，如帮忙做饭？

AI 通过学习和分析数据帮助我们解决问题，它是我们的工具，但又不仅仅是一个工具，还是对我们的学习和生活有深远影响的"伙伴"。我们可以从以下几个方面重新思考 AI 的意义。

◆ 让学习更高效

AI 可以辅助学生学习。利用 AI 可以让学习变得更高效。比如 AI 可以帮助你进行预习和复习，有的学生已经开始用 AI 来预习数学知识点，通过 AI 自动生成练习题，事半功倍地完成复习。除此之外，AI 还具备写作纠错的功能，比如，在写英语作文时，AI 可以帮你检查拼写和语法错误，避免重复性问题，让你的作文语法更加准确、行文更加流畅。

◆ 让兴趣更丰富

AI 不仅能支持学科类学习，还能打开艺术的大门，让你探索更多的兴趣领域。首先，它可以进行艺术创作，一位同学用 AI 创作了一幅未来城市的画作，把它打印出来后，用水彩笔在上面细致修改。这种"从 1 到 100"的创造比"从 0 开始"更容易激发灵感。除此之外，AI 还可以进行音乐创作，一位同学用 AI 创作了一首特别的生日歌送给妈妈。他把妈妈喜欢的古筝元素、邓丽君歌曲的旋律和欢快的节奏融入了歌曲中，他的妈妈特别喜欢这份创意礼物。

◆ 让沟通更便捷

AI 强大的语言翻译功能，可以跨越语言不通的障碍，让我们无须再花费大量的时间进行翻译。比如，一个 12 岁的学生想给外国朋友写信，他只要利用好这个功能，写信就会变得很简单。AI 的陪伴功能也非常能抚慰人心，有些同学无聊时，会和 AI 聊天，虽然 AI 不是人，但它总能给出风趣的回复，让人忍俊不禁。

 更多关于 AI 的故事

让我们看看其他同学的真实经历，或许能给你带来更多灵感。

小雅的重点整理术

小雅在临近期末考试时，利用 AI 整理出教材的重点内容，大大节省了复习时间。

小强的朗读小视频

小强利用 AI 将书籍转成语音，再将语音整合成视频。他原本因为口音问题常被同学嘲笑，但通过 AI，他规避了自己口音上的短板，朗读视频发音标准，赢得了众多网友的关注，成了一个小博主。

科学实验创作者

一位 11 岁的学生和父亲用 AI 完成了一份科学实验报告，并将这一过程拍成视频记录了下来。父亲说，这些视频已经成为一家人的珍贵回忆。

AI 的核心价值在于学习和帮助人类解决问题，但它的意义远远超出这一点。

AI 是工具，使用方式决定它的结果。AI 也是一把锋利的刀，它可以用来切菜，也可能带来危险，关键在于我

们如何使用它。AI 可以成为你创意的"伙伴"、创新的起点，比如设计游戏、完成研究课题等。不过，AI 虽然强大，但它无法自主创新，你的创意才是它真正的价值所在。

 学习关卡

分享你和 AI 的故事

请用 1~3 句话写出你与 AI 的互动经历。

例如：

我用 AI 生成了一幅画，并把这幅画挂在卧室里。

AI 帮我找到了学习盲点，我的数学成绩提高了。

我用 AI 创作了一首诗，我把这首诗作为生日礼物，送给朋友。

你已收获

在这一节中，你通过多个真实的小故事，了解了 AI 如何帮助解决我们学习和生活中的一些问题。你也学到了，AI 是工具，它需要你的想象力和创造力来发挥最大价值。

未来小达人：找到你身边的 AI

AI 无处不在！它们常常隐藏在我们的日常生活中，融入得如此自然，以至于你可能从未真正注意到。比如，当你用语音助手播放音乐、在短视频平台滑动屏幕，或者在学校图书馆借书时，AI 可能正在默默地发挥着作用。

在这一节里，我们将化身"AI 侦探"，用敏锐的观察力发现身边的 AI 应用，并思考它如何改变了我们的生活。

◆ AI 的分类：它们藏在哪些地方？

为了更方便地找到 AI 应用，我们将生活中的 AI 分为以下几类，功能涵盖学习、绘画、文字处理等多个方面，适合学生和家长使用。

日常生活类

这些 AI 应用与我们的日常起居息息相关。

·智能语音助手 （小度、小爱同学）	·讯飞智作——AI 配音
功能：语音点播音乐、定时提醒、百科问答。 特点：接地气，支持家中常用的智能音箱。	功能：提供多种声音选择，可为文字内容生成自然语音。 特点：适合学生项目展示、读物朗读。

此外，还有一些智能家居，如智能灯泡、扫地机器人、智能电视，甚至能根据天气调整温度的空调，都是 AI 在日常生活中的典型应用。

绘画创作类

这些 AI 应用与我们的绘画兴趣息息相关。

> **·酷熊智绘 AI**
>
> 功能：AI 生成绘画，支持风格化创作和卡通图像生成。
>
> 特点：操作简单，适合儿童和青少年。

> **·意间 AI**
>
> 功能：适合零基础绘画小白。
>
> 特点：可丰富色彩，可添加文字。

学习助手类

这些 AI 工具帮助我们提升学习效率。

> **·迅飞智能录音笔**
>
> 功能：AI 助力的智能学习笔，可以识别手写文字、翻译、语音转文字，还能同步学习资料到云端。
>
> 特点：适合学生日常记笔记、整理学习资料。

> **·文小言**
>
> 功能：支持多语言对话、文本生成、作业解答，还能回答科普类问题。
>
> 特点：功能全面、界面友好，适合日常使用。

> **·学霸君**
> （作业神器）
>
> 功能：拍照搜题、数学题步骤详解、英文作文批改。
>
> 特点：面向中小学生，功能实用。

·**智谱清言**

功能：文本分析、知识归纳。

特点：适合学生学习资料整理、研究辅助。

·**讯飞星火**

功能：翻译辅助、语法纠错、学习笔记整理。

特点：专业的语言处理能力，特别适合英语学习中需要帮助的学生。

·**海螺问问**

功能：智能问答和学习资源推荐。

特点：适合学生解决学习疑问、查找学习资源。

·**腾讯元宝**

功能：跨领域的全能AI，支持对话生成、翻译、学习辅助等。

特点：适合学生多场景学习、语言辅助、创意表达。

此外，还有一些在线学习平台，如有道词典、橙啦教育等平台，可以推荐学习资源，甚至为我们的作业评分。

内容生成类

这些AI工具可以辅助我们进行写作和文案创作。

· 写作猫

功能：AI 写作辅助工具，可以快速生成文章段落、修改语法和润色语言。

特点：适合学生写作文、做报告时使用。

· 白瓜 AI

功能：为短视频、社交媒体提供文案创意，自动生成吸引人的内容。

特点：高效便捷，适合学生做小项目或兴趣探索。

AI 绘本工具

这些 AI 工具可以辅助我们创建高质量的绘本。

· 艾绘

功能：一站式 AI 绘本创作平台，可以一键生成故事内容、绘本图片、字幕、背景音乐和配音，轻松创建高质量的有声绘本。

特点：简单易操作，提供多样化的故事类型，激发孩子们的想象力。

· 创智联盟

功能：基于先进 AI 技术的有声绘本创作平台，提供文字、图片、声音和视频编辑工具，帮助用户创作和分享个性化的有声绘本。

特点：三步即可完成绘本创作，适用于所有年龄段的人群。

娱乐与社交类

娱乐和社交领域的 AI 让我们的生活更有趣。

短视频推荐：AI 根据我们的观看记录推荐我们感兴趣的视频内容。

游戏中的 AI：多人游戏或单人游戏中，我们的对手有时是 AI。它能模拟玩家行为，为我们提供更有挑战性的游戏体验。

特殊任务类

这些 AI 技术可以完成一些特定的任务。

导航软件：实时规划最佳路线，避开拥堵路段。

健康追踪：智能手表和健康应用可以记录步数、心率，甚至提醒我们喝水。它们还能帮助老年人实时监控健康数据，提高生活质量。

◆ 创造力挑战：设计属于你的 AI 工具

通过前面的学习，你可能已经对 AI 的能力和局限性有了更深入的认识。现在，尝试发挥你的创造力，设计一个能解决实际问题的 AI 工具！

设计步骤：

· 确定问题

想一想，你的生活中有哪些难题需要解决？比如，总是忘记带作业本，或者起床难，上学总是迟到等。

· 功能描述

你的 AI 工具需要具备哪些功能？写下来，写得越详细越好。它会提醒你做什么？用什么方式提醒你？比如：每

天早上提醒我带作业本；用温柔的语气鼓励我完成任务；晚上对我说"晚安"。是否需要与其他工具配合？比如与智能手表联动。

·创意展示

画一个简单的 AI 工具设计图，或者用文字描述它的外形和功能。它的界面是什么样的？它会发出什么声音、显示什么画面？

寻找身边的 AI

我们来完成一个"AI 侦探"任务，这个任务分三个步骤进行：

步骤 1：观察

仔细观察你的日常生活，留意哪些工具或设备可能用了 AI 技术。可以到处走一走，如果在家里的卧室没有看到，就去客厅找；客厅没有，可以去学校、商场等地方看看。也可以养成一个习惯——看到带"智能"二字的设备就想想它背后是不是有 AI。

步骤 2：记录

记录你发现的每一个 AI 应用，写下它的名字、用途，以及它对人们的帮助（可以是对你，也可以是对家人或朋友的帮助）。

步骤 3：分析

思考一下，如果没有 AI，你的生活会发生什么变化？是不是需要花更多时间完成任务？有没有一些以前难以做到的事情变得轻松了？

任务模板：记录和分析你的 AI 发现

以下是一个简单的任务模板，可以用来记录你的 AI 调查成果：

AI 应用名称	用途	对生活的帮助	评价
小爱同学	语音助手，回答问题	节省时间，方便设置提醒	操作简单，互动性强
作业帮	在线学习平台	快速获取知识点，提高学习效率，批改作业	内容丰富
智能手表	健康监测，提醒喝水	帮助保持健康习惯，记录身体数据	非常实用，但价格较高

分享与讨论

完成任务后，和家人或同学一起讨论以下问题：

· 哪个 AI 应用对你的生活帮助最大？为什么？

· 使用 AI 后，生活是变得更简单了，还是更复杂了？

· AI 是否让你节省了时间、提升了效率？

 你已收获

在这一节中，我们通过"AI 侦探"任务，深入了解到 AI 已经渗透到了我们生活的方方面面，无论是语音助手、短视频推荐，还是健康追踪设备，它都在默默地帮助我们。

AI 的确可以帮助解决许多日常生活的难题，但真正的创造力来自你自己。用 AI 实现你的创意，才是成为未来小达人的关键！

Chapter 2

打造你的 AI 学习工具箱

挑选属于你的超级助手

 新手攻略：如何找到适合你的 AI 工具？

这一章，我们将一起探索如何找到适合自己的 AI 工具，为你的学习、生活和兴趣提供助力。

让我们从一个小故事开始吧！

有一天，你决定尝试用 AI 帮助自己学习。但当你在网上搜索 AI 工具时，发现 AI 工具的种类繁多：

有的可以写作文；

有的可以整理笔记；

有的能教你编程；

有的还能教你唱歌、画画。

面对诸多具备不同功能的 AI 工具，你越看越迷茫，便去向老师请教。老师告诉你，挑选 AI 工具其实就像选书包一样：有人喜欢容量大的，有人注重分隔精致的功能，有人则偏好设计美观的。关键是，你需要先弄清楚自己的需求。

◆ 三大核心问题帮你找到你的需求

在选择 AI 工具前请先思考以下三个问题：

我需要 AI 帮我解决什么问题？

具体来说，就是问问自己：我需要 AI，是为了提高学习效率，还是丰富自己的业余生活？是用 AI 学习画画、作曲，还是学习编程或写作？

我的操作习惯是什么？

具体可以问问自己：是喜欢用手机 App，还是更喜欢用电脑或平板进行操作？

我的预算是多少？

免费的工具能满足你的需求吗？是否需要付费使用更高级的版本？实际上，培养正确的付费意识很重要，因为很多付费工具的背后有一整支团队，能够为你提供更高效、更专业的服务。免费工具虽然方便，但可能会用隐形成本"收割"你的注意力或数据。

◆ 三步挑选法则帮你找到最适合的工具

第一步：明确你的目标

想清楚你需要什么功能：解题、写作辅助、整理笔记、时间管理，还是艺术创作？

只有清楚自己的需求，才能用 AI 工具更好地实现这些目标。

第二步：了解功能特色

每款 AI 工具都有自己的特点，如果需要全能型助手，建议使用文小言或腾讯元宝；如果注重翻译或语言学习，讯飞星火是不错的选择；如果需要专注学习整理，智谱清言是更好的选择。

第三步：亲自试用

试用每款工具，看看是否符合你的需求。试用时，重点考察以下三点：第一是界面友好性，主要包括设计是否简洁美观，操作是否流畅；第二是所提供的功能是否能满足需求，试用后可以更加明确哪些工具真的适合自己；第三是结果的准确性，这一点主要用来检查 AI 的回答或结果是否可靠。

试用两款工具，记录体验

今天的任务是试用两款 AI 工具，比较它们的优缺点。

可以用表格来记录你的体验。例如：

工具名称	优点	缺点	适用场景	综合评价
工具 A	功能强大，界面友好	免费版功能受限	学习辅导	很适合初学者使用
工具 B	翻译精准，速度很快	内容略显机械	外语学习	适合语言学习者使用

在这一节中，我们学习了如何挑选适合自己的 AI 工具，并总结出了以下关键点：

· 明确需求，找到自己需要的功能。

· 了解不同工具的功能特点。

· 亲自试用，发现最适合自己的 AI 工具。

 AI 鉴定员任务：评估你的 AI

有一天，我问自己，这款 AI 工具到底怎么样？写英语作文时，它能帮我检查语法，但还是觉得句子有点奇怪，不够自然。我的同学也有类似的感受。他们说，有的 AI 工具数学解答特别准，但在英语写作上表现就稍逊色些。

于是我决定亲自做一个"AI 鉴定员"，通过 AI 工具大比拼，找出最适合我们学习需求的 AI 工具。

要评估一款 AI 工具，需要从多个方面分析它的表现。以下是完成任务的步骤：

第一步：选择两款 AI 工具

从你能接触到的工具中选择两款，比如 ChatGPT 和文小言，或者讯飞星火和智谱清言。

第二步：设计一个统一的任务

为两款工具设置相同的测试任务，目标保持一致。例如：

·写一篇英语作文。

· 翻译一段短文。

· 解一道数学题。

· 画一幅插画。

第三步：记录工具的表现

根据五个维度对两款工具进行详细评估。在对两款工具开始评估之前，我们需要明确评估的标准。以下五个方面可以帮助你全面分析 AI 工具的表现：

功能的丰富度

工具是否能满足多种需求？例如，它能同时整理笔记、回答问题、规划学习计划吗？

多功能工具更适合那些需要多样化帮助的用户。

操作的简便性

工具的界面是否清晰？操作是否简单？是否符合"老奶奶法则"？"老奶奶法则"——连老奶奶都能轻松上手，那就是易用的好工具。

响应速度

工具的响应速度是否足够快？是否出现卡顿或延迟？

快速响应是高效学习的重要保障。

准确性

工具回答问题的准确性如何？对于解题或写作的需求，准确性尤为关键。

创意支持

工具是否具备支持创意的功能？例如，它是否能生成画作、编写故事、制作音乐？创意功能不仅能体现工具的智能，还能激发用户的兴趣。

使用表格记录评估结果，并给出评分（满分 10 分）。例如：

工具名称	任务	功能的丰富度	操作的简便性	响应速度	准确性	创意支持	总评分
工具 A	写英语作文	8	9	9	7	6	39
工具 B	写英语作文	7	8	8	6	8	37

第四步：撰写评估报告

完成任务后，整理一份简短的评估报告，内容包括以下四部分：

· 工具简介：简要介绍两款工具及其主要功能。

· 任务说明：描述为两款工具设计的测试任务，比如"写一篇关于人工智能的 200 字英语作文"。

·评估结果：用评分表呈现数据，总结工具在五个维度上的表现。

·使用建议：这些工具适合哪些人群和场景使用？例如，某款工具更适合多语言支持，另一款更适合中文写作。

通过这次任务，你可能会发现每款 AI 工具都有自己的优点和不足之处，有些 AI 工具可能在数学解题方面表现优异，但写作文时略显不足；有些 AI 工具可能创意能力很强，但逻辑处理稍显薄弱。选择 AI 工具的关键，不是追求"最强"的，而是找到"最适合"的，就像寻找朋友或伴侣一样，适合自己的才是最好的。未来的学习和工作，很可能需要我们同时使用多款工具，充分利用它们的优点来完成不同的任务。

我自己也曾经做过类似的尝试。在加拿大学习人工智能时，我结合六款 AI 工具的优点打造了一堂课，相信很多人都听过，这堂课后来被清华大学出版社出版成了一本教材。事实证明，将不同工具的强项结合起来，可以创造出更高效、更有创意的作品。

 学习关卡

推荐一个 AI 工具

写下工具名称和用途

例如：文小言，用于学习辅导和知识问答。

描述优缺点

优点：界面友好，功能全面。

缺点：部分功能需付较高费用。

阐述推荐理由

例如：它能节省时间，提高学习效率。

打造你的"AI 工具排行榜"

接下来，你可以通过以下步骤完成一个属于自己的"AI
工具排行榜"：

步骤 1：试用多款 AI 工具

选择你能接触到的 AI 工具，逐一试用。

步骤 2：记录每款工具的表现

填写表格，记录你的使用体验，例如：

工具名称	功能亮点	不足之处	推荐指数 （满分 5 星）	推荐理由
文小言	写作流畅，界面简洁	创意功能略少	☆ ☆ ☆ ☆ ☆	适合学习和写作
讯飞星火	翻译精准，语法强	免费版功能有限	☆ ☆ ☆	适合语言学习

步骤 3：分享排行榜

将你的排行榜分享给同学或家人，并一起讨论使用感受。

和家人、同学一起 PK

你还可以邀请家人和同学一起完成以下趣味活动：

· 选择两款工具进行评估

每人独立测试两款工具，并记录评分。

· 交换评估报告

完成评估后，相互分享报告，讨论优缺点。

· 设计理想的 AI 工具

结合两款工具的优点，想象一款"完美的 AI 工具"是什么样子的。

 你已收获

通过这次 AI 鉴定员任务，你学会了：

·如何比较工具的表现：每款 AI 工具都有自己的强项，实际使用才能找到最适合自己的那一款，同时也要考虑到 AI 工具的收费问题，可根据个人的实际情况来选择。

·评估的五大维度：功能的丰富度、操作的简便性、响应速度、准确性和创意支持。

·撰写评估报告：总结工具的优缺点，为未来选择提供依据。

·分享与合作：通过分享评估结果，帮助他人了解 AI 工具，同时培养自己的分析能力和批判性思维。

 AI 的安全问题

AI 的出现让我们的生活更加便利，但你知道吗？在享受 AI 强大功能的同时，也存在一些隐藏的安全风险。

◆ 小明的 AI 风波

小明最近用 AI 写了一篇作文，还通过语音助手给妈妈订了一份礼物。这一切本来进行得很顺畅，甚至他不需要亲自去商店就完成了。然而，当小明告诉爸爸他输入了有关自己的身份信息和家庭信息等重要隐私信息时，爸爸立刻变得严肃起来。

"你知道把重要隐私信息输进去，可能会带来什么麻烦吗？"爸爸问。

小明一脸疑惑："AI 这么聪明，能有什么问题呢？"

于是，爸爸给他看了一段视频。视频中，一个男孩给他的妈妈打视频电话，请求妈妈给他转账 500 元，妈妈答应了，但就在准备转账时，男孩突然进了家门，而电话里的"孩子"仍在说话！原来，这是一场由 AI 合成声音和视频的诈骗。

◆ AI 使用的常见风险

通过上面的故事，我们可以看到 AI 强大功能的背后也伴随着一些风险。因此，在使用 AI 工具时，我们需要注意以下四种常见问题：

隐私泄露

你的个人重要隐私信息可能被恶意利用，引发严重的后果。例如，不法分子可能会利用 AI 技术分析你的上网记录和社交媒体等信息，精准预测你的偏好、行踪，甚至直接伪装成你来进行诈骗或其他违法活动。

信息错误

AI 的回答并不总是正确的，尤其是在复杂或敏感的话题上。比如，AI 在解题时可能会给出错误答案，在历史事件的时间上出错。因此，拥有独立判断力至关重要。

过度依赖

完全依赖 AI 可能会削弱你的独立思考能力。当你习惯让 AI 决定一切时，可能会发现自己逐渐失去了主动学习的动力。甚至有报道显示，一些人因为过度依赖 AI，导致心理健康出现问题。

技术漏洞

AI 工具可能存在技术缺陷，导致功能异常或信息泄露。例如，一个本应帮助解题的工具，可能因为技术漏洞错误地存储了用户的隐私数据。

◆ AI 安全使用守则

为了更安全、高效地使用 AI 工具，请务必遵循以下四条守则：

保护个人信息

·不要输入个人重要隐私信息如身份证号码、家庭住址、学校名称、父母的联系方式等。

·注意数据的使用权限。如果某个 App 请求访问你的相册或联系人，除非必要，否则坚决拒绝。

·注销不必要的账号，避免信息被不安全的工具收集。

验证 AI 的回答

AI 提供的答案并不总是准确。比如，AI 可能会弄错数学题的答案，或在翻译复杂句子时出错。重要信息一定要通过课本、老师或其他权威渠道核实。

合理规划使用时间

AI 工具像短视频一样，具有极强的吸引力，如果发现自己过度依赖它，就需要及时调整。每次使用 AI 工具时，限定时间，进行适当的"数字戒断"，关掉屏幕，去户外活动，让自己重新感受真实世界。不要让自己长时间沉迷其中。

与家长或老师沟通

·在尝试新工具前，与家长或老师讨论它是否能满足你的需求。

·家长可以帮助孩子检查工具的安全性，避免潜在风险。AI 的使用不仅是孩子的事，更是家庭成员共同的事。

◆ AI 使用安全意识测试

让我们通过以下问题测试你的 AI 使用安全意识：

·你在使用 AI 工具时输入了家庭地址，这样安全吗？

A：安全，因为 AI 不会泄露信息。

B：不安全，输入敏感信息可能会被记录。

·如果你对 AI 给出的数学题答案存疑，你应该怎么做？

A：直接相信答案。

B：查找课本或其他工具来核实。

·如果你用 AI 协助你完成了作业，但老师问你原理时你答不上来，你的问题是什么？

A：依赖 AI 太多，没有自己学习。

B：作业太难，不能完全怪 AI。

答案：B、B、A

通过回答这些问题，你是否发现了自己在使用 AI 工具时需要改进的地方？

 **学习关卡**

制作 AI 安全使用守则海报

现在，让我们用创作来巩固今天的学习内容。请制作一张 AI 安全使用守则海报，用来提醒自己和朋友如何安全、高效地使用 AI 工具。海报内容可以涵盖以下几点：

·不要输入个人的敏感信息

姓名、家庭地址、学校等信息都要保护好。

·验证 AI 提供的答案

确保重要信息的准确性，不要盲目信任 AI。

·合理规划使用时间

每天限定使用时间，避免沉迷。

·使用前与家长或老师沟通

确保工具的安全性，并得到家长或老师的指导。

创作提示：

创作海报时，可以加入有趣的图案或 AI 工具的标志，让海报更吸引人。海报制作完成后，和同学或家人分享你的海报，讨论使用 AI 时的心得和守则。

在这一节中，你学会了以下内容：

·了解 AI 的常见风险，包括隐私泄露、信息错误、过度依赖和技术漏洞。

·制定 AI 安全使用守则，学会保护个人信息，验证 AI 的回答，合理规划时间，并与家人、老师沟通。

·参与巩固知识的创意活动，通过制作 AI 安全使用守则海报，总结并分享使用心得。

知识链接

在 AI 日益融入我们生活的同时，其安全性和隐私保护问题也引起了广泛关注。以下是一些真实案例，展示了 AI 在安全领域的应用以及可能存在的风险。

AI 在安全领域的应用

· AI 在网络安全中的应用

2021 年，全球移动通信系统协会（GSMA）发布了《人工智能赋能安全应用案例集》，其中介绍了 AI 在威胁识别、态势感知、风险评分、恶意检测等方面的应用。例如，AI 可以通过分析网络流量，及时发现并阻止网络攻击，提高网络安全防护水平。

· AI 在内容安全中的应用

在内容安全领域，AI 被用于识别和过滤不良信息。例如，社交媒体平台利用 AI 技术检测并删除仇恨言论、虚假信息和其他违规内容，以维护平台的健康生态。然而，AI 在内容审核中也可能出现误判，导致正常内容被误删，引发争议。

应用 AI 可能存在的风险

·自动驾驶中的 AI 系统风险防范

2021 年 10 月 12 日，在国家网络安全宣传周的人工智能安全产业发展论坛上，专家们讨论了自动驾驶场景下的 AI 系统风险防范问题。他们指出，自动驾驶车辆依赖 AI 进行环境感知和决策，但如果 AI 系统受到攻击或出现故障，可能导致严重的交通事故。因此，确保 AI 系统的安全性对于自动驾驶技术的发展至关重要。

·在 AI 大语言模型的提示中注入攻击

2022 年，研究人员 Riley Goodside 通过向 GPT-3 模型输入恶意提示，成功使模型忽略原有指令，生成特定内容。这一案例展示了在提示中注入攻击的基本原理，即通过在提示中嵌入明确的指示，欺骗 AI 生成特定的输出。这类攻击可能导致 AI 生成有害或误导性内容，带来安全隐患。

·AI 生成虚假视频进行诈骗

近年来，利用 AI 技术生成虚假视频（即"深度伪造"）进行诈骗的案例屡见不鲜。例如，犯罪分子可能使用 AI 生成与受害者亲友相似样貌或声音的虚假视频，要求转账或提供敏感信息。这类诈骗手段利用了 AI 的强大生成能力，给公众带来了新的安全挑战。

通过以上案例，我们可以看到，AI 在提升安全性的同时，也带来了新的风险和挑战。因此，在使用 AI 技术时，必须重视其安全性，采取有效的防范措施，确保 AI 系统的可靠性和可信度。

用 AI 开启学习新方式

预习、复习有妙招

Chapter 3

预习小能手：用 AI 让你领先一步

期中考试快到了，小明发现自己在课堂上的学习变得越来越吃力。数学公式晦涩难懂，化学概念枯燥抽象，他对即将到来的考试毫无信心。他忍不住抱怨："如果能提前知道课堂上要学的内容就好了！"

在传统学习方法中，面对这样的困境，家长可能会想到报补习班。然而，补习班不仅费用高昂，效果也因人而异。现在，通过 AI 工具，学生可以自己在家提前预习课程，就像拥有了一位私人学习教练。

AI 的强大之处在于，它可以让你以一种灵活、高效的方式掌握课堂内容。小明在尝试后惊讶地发现，预习学习内容后，他不仅能轻松跟上课堂节奏，还能提出有深度的问题，甚至赢得了老师的赞赏。

◆ 用 AI 预习课程的核心功能

提取重点知识

AI 能从教材或电子文档中提取关键知识点，将繁杂的内容精炼成一目了然的重点。例如，输入整篇课本内容后，AI 会生成一份简明的提纲，让你快速掌握知识框架。

用简单的语言讲解

AI 擅长用通俗易懂的语言解释复杂的概念。比如，有个孩子不理解函数的意义，AI 用足球队经理调度球员的例子，帮助孩子理解函数的概念。通过具体情景的模拟，原本枯燥的数学公式变得生动有趣。

生成模拟测试

费曼学习法指出，只有当你能用简单的语言向别人清晰地解释某个知识点时，才算真正掌握了它。AI 可以根据课本内容生成有针对性的测试题，通过解答这些题目并尝试向别人讲解知识点，你可以验证自己是否真的理解。这种方式能让你清晰地发现知识的盲点，并通过练习加深记忆。

◆ 将纸质课本转化为 AI 可用文本

如果你的课本是纸质的，以下步骤可以帮助你高效利用 AI 工具：

第一步：扫描课本内容

使用工具：扫描全能王或 Adobe Scan。

具体操作：

打开扫描工具，拍摄课本页面。

检查文字识别结果，确保无误。

导出为 TXT 或 PDF 文件，方便上传至 AI 工具。

第二步：上传到 AI 工具

将扫描后的内容粘贴到 AI 对话框，或直接上传文件。

文小言：支持 PDF 长文解析，生成知识总结。

ChatGPT：适合文本粘贴，用于提纲整理或问题解答。

第三步：生成学习提纲

输入课本内容后，要求 AI 提取关键词、知识点，并生成一份简明扼要的提纲，如果提纲的内容不让人满意，可以不断提出需求进行更改，直至满意为止。

◆ 费曼学习法与 AI 预习的结合

费曼学习法的原理就是通过将所学知识以简明易懂的方式解释给别人，从而加深自己对知识的理解与记忆。它强调深度学习与知识内化的过程，包含以下几个核心步骤：

学习基础知识：

通过 AI 提取关键知识点，构建完整的知识框架。

尝试讲解知识：

通过 AI 生成的小测验，试着向别人讲解知识点，验证自己是否真正掌握。

识别知识盲点：

如果无法顺利讲解清楚，回头检查哪些地方尚未理解。

改进表达方式：

反复练习，直至能用更清晰、更通俗的语言解释复杂概念。AI 的加入为费曼学习法提供了全新的支持。它不仅能提供即时反馈，还能在短时间内帮助学生强化知识，让预习变得更加高效。

◆ 预习应用场景示例

数学课：几何证明

输入几何题内容，要求 AI 总结三角形全等的判定和应用场景。

AI 不仅能列出判定方法，还能通过实际案例（如建筑设计的角度）让你更好地理解三角形全等的功能。

英语课：课文分析

拍下课文内容，让 AI 提取关键词和语法结构。

AI 可以标注生词，分析语法难点，并总结文章中心思想，让你提前掌握重点。

◆ AI 预习的优缺点

优点：

·提高课堂学习效率

通过提前熟悉知识点，对一些基本概念、基本理论、基本公式等的娴熟理解和掌握，让课堂学习更高效。

·激发学习兴趣

AI 能提供生动的解释和扩展内容，激发你对课外知识的探索兴趣。

·个性化学习

AI 可以根据你的需求量身定制学习方式。例如，AI 可以用你喜欢的动画角色语气讲解知识点，或模仿著名作家的风格回答问题。

缺点：

·信息可能不全面

AI 的解读可能无法涵盖教材中的全部内容。

·有依赖风险

过度依赖 AI 预习可能会削弱独立学习能力。家长和学生须合理规划 AI 的使用频率。

 学习关卡

用 AI 工具预习下一节课的内容

任务步骤

·选择课本内容

拍照上传纸质课本内容，或输入即将学习的章节内容。

·生成预习提纲

让 AI 提取关键词和知识点，生成预习提纲。

·验证提纲内容

根据提纲内容，预习课本难点和中心思想，并不断验证提纲内容是否合理。

·记录学习收获

总结 AI 帮助你解决了哪些问题，预习效果如何。

分享与讨论

任务完成后，可以与家长和同学讨论以下三个问题：

·AI 预习最有用的地方是什么，是帮助抓重点，还是解释复杂概念？

·AI 无法回答的问题如何解决？这是探索 AI 与人类智能边界的重要环节。

·预习后是否对掌握课堂内容更自信？学习效率是否有明显提升？

你已收获

在这一节中，你学会了：

·如何通过扫描工具将纸质课本内容转化为 AI 可用的数字文本。

·如何利用 AI 生成学习提纲和知识点总结，帮助预习课程内容。

·如何结合费曼学习法，通过模拟测试验证预习效果。

 上课不犯困，AI 帮你整理知识点

　　课堂上，你是否曾经因为老师讲得太快而感觉无所适从？知识点一个接一个地出现，就像火车飞驰而过，你还没记下前一节内容，后一节内容又涌了上来。尤其是数学课的公式推导、历史课的年代事件，这些复杂的信息让你

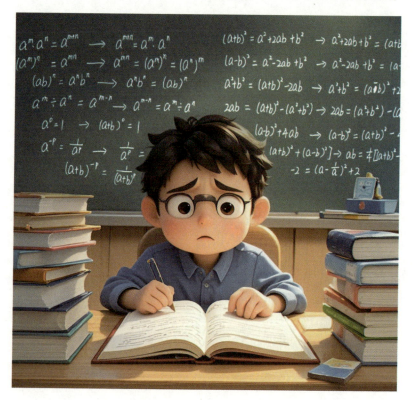

手忙脚乱，笔记总是缺一块少一块。

你是否曾经想过，如果有人能帮你记笔记该有多好。现在有了 AI 的帮助，这个梦想已经成为现实。

AI 不仅能帮你整理出清晰的笔记，还会自动为你画重点。利用 AI 的实时记录、知识提取和文本总结功能，你可以更高效地获取知识，再也不用担心遗漏重要的知识点。

◆ AI 整理课堂笔记的核心功能

记录课堂内容

使用录音设备记录课堂内容，AI 可将语音转化为文字，帮助你精准记录所有关键的知识点。

提取核心知识点

面对繁杂的课堂内容，你可以让 AI 提取重要的知识点，帮助你聚焦学习的重点。

生成结构化笔记

AI 能将知识点以思维导图、要点清单或总结报告的形式呈现，让内容条理更加清晰。

◆ 推荐的 AI 工具与使用方法

方法一：使用语音转文字工具

推荐工具：

讯飞听见：支持从语音快速转文字，适合录音后生成课堂笔记。

百度文库—AI 助手：能将录音内容转化为文字，并生成总结报告。

操作步骤：

·上课录音：用手机或录音设备记录课堂内容（前提是得到老师的允许）。

·上传录音：将录音文件上传到工具中，等待转化结果。

·提取重点：用 AI 生成关键知识点并补充遗漏内容。

方法二：关键词生成总结

如果没有完整录音，可以用关键词辅助 AI 生成笔记。例如：

·输入"勾股定理、应用场景、公式"，让 AI 总结相关内容。

·输入"工业革命、起因、影响、关键人物"，让 AI 自动生成历史知识总结。

推荐工具：

ChatGPT：适合生成详尽的课堂总结和补充内容。

智谱清言：更适合中文语境，特别是在总结中文教材内容时效果出色。

特别提醒一下，有些 AI 工具并非免费，可根据自身的需要和实际情况谨慎购买。

◆ 案例分享：AI 整理课堂笔记的应用

案例 1：历史课笔记

课堂内容：老师讲解第一次工业革命的起因与影响。

使用工具：百度文库—AI 助手

生成笔记示例：

时间：第一次工业革命始于 18 世纪中期。

起因：科技的发展等。

影响：加速经济发展，改变社会结构等。

案例 2：数学课笔记

课堂内容：老师讲解几何概念，包括三角形相似和勾股定理。

> 使用工具：ChatGPT
>
> 生成笔记示例：
>
> 概念：AA 相似、SSS 相似、SAS 相似，$a^2+b^2=c^2$。
>
> 应用场景：三角形相似用于计算飞行器的轨迹和速度。勾股定理用于建筑测量和设计。

AI 不仅能总结公式，还能扩展到实际应用场景，帮助你将知识和现实联系起来。

◆ AI 整理课堂笔记的优缺点

优点：

· 自动记录，节省手动记笔记的时间，让你专注听讲。

· AI 生成的笔记通常更加结构化，条理清晰，便于后期复习。

· 可根据需求调整笔记风格，更加个性化，例如生成幽默、励志或详细的总结。

缺点：

· 需要录音设备和稳定的网络环境等设备和技术的支持。

· 过度依赖 AI 可能削弱学生手写笔记和独立总结的能力。

学习关卡

用 AI 整理一堂课的笔记

· 选择一堂课

使用语音转文字工具记录课堂内容，或记下关键点上传至 AI。

· 生成笔记

让 AI 提取重点并整理为结构化内容。

· 对比补充

将 AI 生成的笔记与课本内容进行对比，补充遗漏信息。

分享与讨论

完成任务后，与同学或家长分享用 AI 整理课堂笔记的体验：

· AI 笔记对你最有帮助的地方是什么？

· 如果记录有遗漏或错误，你是如何补充或修改的？

· 使用 AI 后，你对课堂内容的理解是否更深入？

 你已收获

通过 AI 整理课堂笔记，你可以更高效地捕捉课堂重点，告别手忙脚乱的传统笔记方式。在这一节中，你学会了：

· 如何使用语音转文字工具高效记录课堂内容。

· 利用关键词生成课堂总结和知识框架。

· 用 AI 整理笔记的优缺点及合理使用方式。

 复习神器：查漏补缺不再难

　　复习，是学习中最重要的环节之一。你有没有过这样的感觉？翻开课本时，明明觉得题目看起来很熟悉，却说不出个所以然来，甚至不知道自己到底会不会做。每到期末考试，总是有些模棱两可的知识点让你抓狂。

　　我一位朋友的女儿利用 AI 复习后，像是变成了一名"学习侦探"，总能快速发现自己和同学的知识盲点。这种精准定位的能力，连老师和家长都自叹不如。

　　她是怎么做到的？她不仅用 AI 检查自己的学习情况，还帮班里同学做"诊断"。如果一个同学数学成绩不理想，她就尝试把他的试卷"丢给"AI，让 AI 帮忙找出问题所在，并生成知识清单和改进计划。这让她和同学们都受益匪浅。听完这个故事后，我非常感慨，甚至鼓励她和同学们把这个模式发展成一个创业项目。没准儿他们能比很多教培老师做得更好！

　　这一节，我们将当一次学习侦探，学会用 AI 系统化地查漏补缺：

　　· 通过 AI 工具检测学习情况，发现知识盲点。

　　· 根据知识盲点生成个性化学习计划，逐步补齐短板。

◆ 查漏补缺的操作指南

第一步：选择学习主题

思考最近让你困惑的学科或知识点，比如：

· 数学：函数公式、几何问题。

· 英语：语法运用、单词记忆。

· 历史：事件排序、关键人物分析。

·科学：实验原理、公式应用。

第二步：生成测试任务

推荐工具：ChatGPT、文小言等。

输入指令生成测试题。

示例1："生成10道三角函数测试题，包括选择题、填空题。"

示例2："设计5道简单的单词填空题，用于英语单词复习。"

第三步：标记知识盲点

完成测试后，记录错题并分析问题：

·错题的知识点是什么？

·为什么错？是公式没记住，还是理解不到位？

·有哪些盲点需要补充？

第四步：针对性巩固练习

输入错题内容，让AI生成专项练习题。

示例1："请生成关于三角函数正弦和余弦的巩固练习题。"

示例2："根据以下错题内容，生成难度适中的历史事件记忆题目。"

◆ 查漏补缺模板

创建一个表格记录任务进展，包括以下内容（示例）：

学习主题	知识盲点	补习计划	练习效果
三角函数	记不住正弦、余弦基本值	每天练习 5 道三角函数题	基本掌握

完成任务后，可以举办一场小型分享会，交流任务完成成果。活动规则如下：

选择主题并完成查漏补缺任务

每位同学选择一个复习主题，使用AI检测并记录知识盲点。

分享知识盲点与补习计划

· 你的知识盲点是什么？

· AI 是如何帮助你改进的？

讨论学习方法

大家分享各自的学习经验，互相借鉴改进。

◆ 小明的查漏补缺之旅

小明在复习数学时，面对每一章的内容都觉得似曾相

识，但越看越茫然，根本不知道哪些知识点没掌握透彻。就在他苦恼时，同桌小红向他推荐了一款 AI 工具，并建议他用 AI 来检查知识漏洞并补上薄弱点。

第一步：生成测试题

小明打开了一款 AI 工具（比如文小言或 ChatGPT），输入："帮我生成一套三角函数测试题，包括选择题、填空题。"

AI 立刻生成了一套题目：

选择题：sin 30° 的值是多少？

A. 1/2   B. 2/3   C. 3/4

填空题：已知一个直角三角形的一条直角边长度是5，斜边长度是 13，那么与这条直角边相对的角的 sin 值是_____。

小明完成了这两个题目，却发现都答错了。

第二步：记录错题

AI 自动记录了他的错误答案，并分析了他的薄弱点：

·记不住三角函数的基本值（如 sin 30° = 1/2）。

·不熟悉三角形中斜边和对边的关系。

根据这些分析，AI 为小明生成了一张知识清单，列出了他需要复习的重点，比如：

· 三角函数基础公式：正弦、余弦、正切的定义及其基本值。

· 直角三角形的几何关系：斜边、对边、邻边的具体应用。

第三步：针对性练习

为了巩固知识点，小明让 AI 生成更多类似的题目。AI 生成了一套新的测试题，并提供了详细的解答过程。通过反复练习，小明终于牢牢掌握了这些知识点。

小明发现，原来复习并不可怕，关键是先找到问题，再用 AI 提供的练习题有针对性地解决。最终，他不仅克服了复习的迷茫，还在期末考试中取得了优异的成绩。

◆ 用 AI 查漏补缺的优缺点

优点：

· AI 能快速定位知识盲点，精准发现问题，节省时间和精力。

· AI 可以根据你的问题生成专属练习，避免无效复习，实现个性化学习。

· AI 能提供即时解答和详细解析，帮助巩固知识、熟练运用所学内容，从而达到牢记知识点、举一反三的效果。

缺点：

·AI需要依赖稳定的网络和良好的设备支持。

·AI的答案可能并不总是完全准确，需要人工校对，对生成内容进行验证。

·对AI的依赖可能导致学习方式单一，缺乏创新和自主性。

 学习关卡

让AI帮你查漏补缺，提高复习效率

任务步骤

·选择复习主题

选择一个复习内容，例如英语单词、数学公式、历史事件或政治习题。

·生成测试题

使用AI工具生成一套测试题，并完成这些题目。

·记录错题与模糊点

整理错误，用AI生成知识清单或补充学习材料。

·练习巩固

让AI提供更多类似的题目，直到完全掌握。

分享与讨论

完成任务后，与同学或家长分享你的复习体验。可以围绕以下问题进行讨论：

· 用 AI 复习对你最有帮助的地方是什么？

· 如果 AI 生成的测试题过于简单或过于难，你是如何调整的？

· 通过查漏补缺和有针对性地复习，你是否对考试更有信心？

 你已收获

通过这次查漏补缺任务，你学会了：

· 如何通过 AI 查找知识盲点并制订改进计划。

· 如何利用 AI 工具生成练习题并完成针对性学习。

· AI 查漏补缺的优缺点，以及如何合理使用 AI，避免过度依赖。

在全球范围内，AI 在教育领域的应用日益广泛。根据《2024 年人工智能指数报告》，2023 年全球发布的新大型语言模型数量比上一年翻了一番，其中 2/3 为开源模型。

这表明 AI 技术在教育等领域的应用正在迅速增长。

· AI 在辅助教学中的应用

AI 辅助教学：AI 技术被广泛应用于教育场景，如计算机视觉、自然语言处理（NLP）、智能语音、知识图谱等，旨在减少教育环节中烦琐、低效的脑力活动时间。

· AI 在课堂笔记整理中的应用

AI 辅助笔记整理：AI 工具被用于实时记录课堂内容、总结重点知识，并以思维导图或提纲形式呈现，提升学习效率。

· AI 在预习、复习和查漏补缺中的应用

个性化学习：AI 可以根据学生的需求制订预习计划，提供个性化的学习体验。

AI 辅助复习：AI 工具可生成测试题，帮助学生查漏补缺，针对性地进行练习，提高学习效率。

总之，AI 在教育领域的应用正在全球范围内迅速发展，涵盖课堂笔记整理、预习、复习和查漏补缺等方面，为学生提供个性化、高效的学习体验。

Chapter 4

让 AI 变成你的自律教练

高效学习，从自我管理开始

 学习小秘书：
制订你的专属学习计划

学习时，你是否也有过这种感觉？任务太多，不知道从哪里开始，越拖越感到焦虑。小明也有同样的烦恼。每天面对一堆数学题、英语单词和作文，他总觉得时间不够用，完全不知道如何规划。试过了各种手写计划、妈妈的安排，甚至参加过时间管理课程，依旧没有头绪。

就在这时，小红向小明推荐了一款 AI 工具，她对小明说："AI 就像一位学习小秘书，可以帮你制订专属学习计划，让你不再手忙脚乱。"小明半信半疑地输入任务："复习数学三角函数、背 20 个英语单词、写一篇英语作文。"

AI 很快生成了一份清晰的学习计划，按照计划完成后，小明惊喜地发现学习效率大大提高了，完成任务的同时，也没有那么累了。

◆ 学习计划的作用

一份好的学习计划，就像一张地图，帮助你在繁重的任务中找到清晰的路径。它的作用主要体现在以下几点：第一是可以帮助你提高效率，明确每天的学习内容，避免浪费时间；第二是可以帮助你减少压力，将大任务分解成小任务，让每一步更容易完成；第三是可以帮助你提升成就感，每完成一个小任务，都能让你感受到前进的动力。

◆ 如何用 AI 生成学习计划？

AI 工具能根据你的目标和时间，快速生成高效、个性化的学习计划。以下是具体操作步骤：

输入目标任务

将你的学习目标输入 AI，例如：

"帮我设计一份为期 5 天的数学复习计划，重点是三角函数。"

"请生成一份每天 1 小时的英语学习计划，包括背单词、写作和阅读。"

调整计划细节

AI 生成的计划可能需要你根据实际情况微调，如果任务太多，可以减少任务量，比如背单词从 20 个改为 10 个。

如果任务太松散，可以让 AI 添加更多具体细节，例如："请增加每日的练习题数量。"

列出可执行计划

将计划记录到手机日历、笔记本或任务管理软件中。推荐两款工具：

Notion：可以直接复制 AI 计划，创建任务表，并实时查看完成进度。

Google Calendar：设置每日提醒，帮助你按时完成任务。

◆ AI 生成学习计划的优缺点

优点：

· 高效精准：快速生成符合需求的计划，节省时间。

· 个性化：根据个人特点调整内容，适应不同的学习节奏。

· 灵活调整：计划可随时修改，以适应实际的学习进度。

缺点：

·可能过于理想化：有些计划可能安排得过紧，需根据实际情况调整。

◆ 案例分享

案例 1：复习数学

目标：在 5 天内复习三角函数。

AI 生成的学习计划：

第 1 天：记忆三角函数公式（sin、cos、tan）。

第 2 天：练习 5 道与三角函数相关的应用题。

第 3 天：完成 1 套综合练习题，记录错误。

第 4 天：针对错题补充知识点。

第 5 天：复习所有知识点并模拟考试。

案例 2：英语学习计划

目标：每天背 10 个单词，提升写作能力。

AI 生成的学习计划：

30 分钟：背单词，用 AI 生成例句帮助记忆。

20 分钟：完成一篇英语小作文，并用 AI 检查语法错误。

10 分钟：阅读一篇短文，学习语法和表达方式。

学习关卡

使用AI工具生成学习计划

任务步骤

·明确目标

选择一个具体的学习任务，例如复习某一章节的知识、提高单词量或完成作文。

·生成计划

使用AI生成一份合理的学习计划，并根据需要调整内容。

·记录进度

每天完成任务后，记录自己的感受，如计划是否合理、进展是否顺利。

分享与讨论

完成任务后，与同学或家长分享你的学习计划和体验，可以探讨以下问题：

·AI生成的学习计划是否符合你的学习节奏？

·哪些部分让你觉得最有效？

·如果计划不够合理，你是如何调整的？

在这一节中，你学习了如何通过 AI 制订学习计划：

· 根据学习目标快速生成个性化的学习计划。

· 根据实际情况调整计划细节。

· 列出可执行计划，并逐步将其融入学习习惯中。

进度追踪神器：
和 AI 一起设立一个小目标

"明明我每天都在努力，可为什么感觉不到进步呢？"这是我一位朋友的孩子的困惑。虽然他用 AI 制订了学习计划，但总觉得任务完成后，完成过程并不清晰，成就感也不强。

我问他："你是否记录过完成的任务？"

他摇了摇头。于是我告诉他："每完成一项任务，都要用 AI 帮你追踪进度，记录成果，并标记目标完成情况。你会发现，每一次的小胜利都会让你更有成就感，也会给你

带来更大的动力。"

◆ 为什么需要追踪学习进度？

学习进度就像登山的地图，能清晰地告诉你以下几点：

·当前的进展：明确自己已经走了多远，完成了哪些任务。

·剩余的任务：了解接下来需要做什么，不至于手忙脚乱。

·提高成就感：完成每个任务都是一次胜利，让人充满自信。

·保持专注力：清楚每天的任务内容，不容易被干扰。

·及时调整计划：根据进度和完成情况灵活调整目标，避免压力过大或过小。

◆ 如何用 AI 追踪学习进度？

设立清晰的小目标

将任务细化为可执行的具体步骤，例如：

·数学：完成 3 道几何题、4 道代数题。

·英语：背诵 10 个单词，朗读 5 篇英文文章。

指令示例：

"帮我将 5 天的学习计划分解成每天的小目标。"

"请将今天的学习内容拆解到每小时。"

AI 会根据你的需求，快速生成一个清晰的计划。

记录任务完成情况

推荐以下三款工具：

Notion：可以创建每日任务表，记录进度并标注完成状态。

Google Sheets：简单易用，用于记录学习进展，生成完成率统计。

番茄钟：通过 25 分钟的专注学习模式记录任务完成情况。

指令示例：

"帮我创建一个表格，用于记录每天完成的任务，并计算完成率。"

定期复盘和调整

复盘可以帮助你从宏观上审视自己的学习进度，找到需要优化的地方。

每周用 AI 生成学习进展报告，分析完成率并标记不足。

指令示例：

"总结我这周的学习进度，分析完成情况，并优化下周的计划。"

"根据我的记录，生成一份进展报告，标注需要改进的地方。"

◆ 案例分享

案例 1：数学复习

工具：ChatGPT+Notion

目标：复习几何和函数。

每日任务：完成 4 道几何题，完成后用 Notion 打钩。

每周复盘：用 ChatGPT 生成学习报告，总结几何题的正确率，针对错误生成更多练习题。

激励方式：每周完成率超过 80%，奖励一顿家人聚餐。

案例 2：英语单词学习

工具：番茄钟 + Google Sheets

目标：一周记住 50 个新单词。

每日任务：背 10 个单词，利用番茄钟专注 25 分钟完成任务。

进度记录：将每天的完成情况记录在 Google Sheets 中，并计算一周完成率。

复盘调整：如果觉得每天 10 个单词太多，可以将任务减少到 8 个。

◆ AI 追踪学习进度的优缺点

优点：

·及时反馈：AI 快速生成进展报告，让你随时了解学习进度。

·提高效率：明确目标和进度，减少迷茫和拖延。

·激励作用：每次完成任务都能获得成就感，持续提升动力。

缺点：

·可能过度依赖工具：如果长期依赖 AI 工具来追踪学习进步，可能会削弱自己主动规划和自我管理的能力。一旦离开工具，可能会不知道如何独立地安排学习任务。

·任务可能过多：过多的任务可能让人感到压力大，需要及时调整。

 学习关卡

用 AI 追踪一周的学习进度

任务步骤

·设立目标：选择一项学习任务（如练习数学公式或背

诵英语单词）。

· 记录进度：每天完成任务后，用 AI 生成进度报告。

· 总结经验：一周后分析完成率，并调整下周的学习计划。

分享与讨论

完成任务后，与家长或同学分享你的体验，可以探讨以下问题：

· AI 生成的计划是否清晰可行？

· 在记录进度时，你有哪些感想或发现？

· 在追踪进度过程中，你是否变得更有信心？

 **你已收获**

这一节，你学会了如何用 AI 追踪学习进度：

· 设立小目标，逐步完成大任务。

· 利用 AI 工具记录完成情况，生成进度报告。

· 通过复盘和调整，优化学习计划，逐步提升效率和成就感。

发现学习瓶颈，及时调整策略

　　不知道你有没有过这样的感觉？学不动了，脑子像塞了一团棉花，知识点一个也记不住，感觉学习效率掉到了谷底。这种状态，就叫作学习瓶颈。瓶颈这个东西像卡在喉咙里的鱼刺，吐不出来也咽不下去，简直让人崩溃。

　　学习瓶颈最常见的时候，往往是考试前后。你天天坐在书桌前复习，看起来很努力，但进度却像踩了刹车一样动不了，更要命的是，很多时候老师和家长可能还会误解你，以为你不够努力，让你更加焦虑。

　　碰到这种情况，我的建议是：先别学，先找问题！而现在找到问题的方法非常简单——尝试问 AI！AI 可以用它强大的分析能力帮你发现学习瓶颈，甚至还能提出调整策略，带你高效突围。

◆ 出现学习瓶颈的原因是什么？

　　学习瓶颈指的是在学习过程中遇到的一种停滞状态，即便投入了时间和精力，成绩也停滞不前，甚至还可能下降。常见的原因包括：

·知识点掌握不全面：对某些知识点只掌握了皮毛，不够深入，导致后续学习出现障碍。

·学习方法低效：还在用错误的学习方式，比如死记硬背或者盲目刷题，效率低下。

·重复性错误：总是在同一类问题上出错，却不知道原因。

·缺乏动力：目标模糊，没有成就感，学习变成了一种痛苦的煎熬。

◆ AI 如何帮你突破瓶颈？

AI 可以从多个角度帮助你识别和突破学习瓶颈，以下是具体的操作方法：

方法一：分析错题模式

通过分析错题，AI 可以精准定位你的薄弱环节。

操作步骤：

收集最近一段时间的错题，比如考试试卷或日常作业中的错题。

将这些错题输入 AI 工具，比如 ChatGPT 或文小言。

向 AI 提出请求，如"请分析这几道错题的共同点，并

给出改进建议"，或者"根据以上数学错题，分析我在哪些知识点上有漏洞，并给我设计一个补习计划"。

案例分享

小明用 AI 分析了一套数学试卷，发现自己在几何题中总是记不住"勾股定理"的应用场景。AI 不仅给出了错误原因，还生成了 3 道类似的练习题，让他专门练习这一部分，问题很快就解决了。

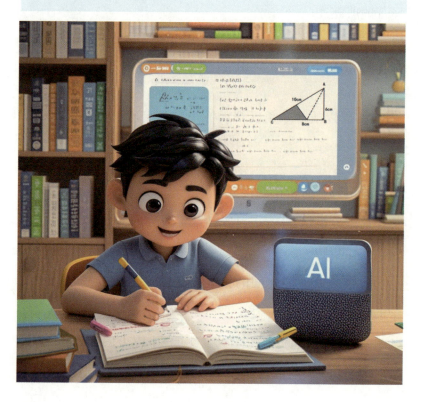

方法二：生成学习进展报告

让 AI 帮你整理出一份详细的学习进展报告，清晰展示问题所在。

工具推荐：

Notion：适合详细记录每日任务。

Google Sheets：简单好用，便于数据分析。

操作步骤：

每天记录完成的学习任务，包括正确率和用时。

向 AI 提出请求，如"请根据我的学习记录生成一份进展报告，并分析我的薄弱环节"。用 AI 生成学习报告，总结你的进步和问题。

方法三：改进学习策略

AI 能根据你的问题和学习记录，生成具体的改进计划。

操作步骤：

向 AI 描述你的学习问题，例如：

"我的数学学习进度停滞了，请帮我设计一个改进计划。"

"单词总是记不住，请推荐一些有效的记忆方法。"

AI 会根据你的情况提供详细的策略，比如使用联想记

忆法、间隔复习法等。

小红在背单词时总是记不住抽象的词汇。AI 推荐她用"图像联想法",并帮她设计了一个练习任务:将单词"abandon"(放弃)与一艘沉船联系起来,记住"放弃船只"的画面。她觉得这个方法简单又有趣,很快就记住了很多的单词。

◆ 用 AI 突破学习瓶颈的优点与缺点

优点：

·精准定位问题：AI 能帮你快速找出知识点的薄弱环节。

·量身定制策略：AI 能根据你的学习情况生成个性化的改进计划。

·数据驱动：AI 基于大量数据，能提供科学有效的建议。

缺点：

·依赖风险：过于依赖 AI，可能削弱你独立思考和解决问题的能力。

学习关卡

用 AI 发现瓶颈，制订计划

任务步骤

·记录学习数据：收集一周的错题、学习时间和完成任务的情况。

·分析学习瓶颈：用 AI 工具分析你的问题，并生成学

习报告。

·制订改进计划：根据 AI 的建议调整学习方法，并尝试执行一周。

分享与讨论

完成任务后，可以和同学、家长或老师分享你的学习体验。以下是几个可以讨论的问题：

·AI 是如何帮你发现问题的？

·改进计划是否有效？如果不够有效，你是如何调整的？

·通过这个任务，你是否对自己学习中的薄弱环节有了更清晰的认识？

 你已收获

瓶颈是每个人都会经历的阶段，突破瓶颈之后，你会发现自己的视野突然变得更加开阔，世界也亮堂了许多。有了 AI 的帮助，你不用在低效的学习方式中挣扎。记住一句话：与其花五个小时原地打转，不如用一小时高效完成任务。

时间管理任务：制订并完成学习计划

时间管理是改变生活质量的关键之一。

你有没有发现，明明你抓紧了每一分钟，可总觉得时间不够用？其实，不是时间不够用，而是你的效率"开小差"了。那么，如何解决这个问题呢？AI 在这时就有了用武之地，我们可以利用 AI 来进行时间管理。

◆ 时间管理的核心：要事先行

时间管理的四字真言是"要事先行"——重要的事情必须优先完成，而且一定要放在你状态最好的时段去做。早晨刚起床，大脑最清醒的时候，就是做那些脑力活儿的最佳时机。

每天早上写作，对我而言是固定的"仪式"。不管头天晚上我熬到多晚，只要清晨喝上一杯咖啡，坐在电脑前，我的"大脑引擎"就会立刻开启，保持最清醒的状态。

你呢，你的早晨最适合做什么？是复习数学，练习英

语听力，还是整理昨天的笔记？记住，早上的时间非常宝贵，千万不要浪费！

◆ 用 AI 规划时间：三步走

如何用 AI 帮你规划时间？来听听我的三步走攻略。

第一步：列出任务清单

先搞清楚你一周需要完成哪些学习任务，比如：

数学：做 5 张试卷；英语：完成 3 篇阅读理解；科学：完成氧化反应实验报告；等等。

将这些任务一项一项输入 AI 工具，比如 ChatGPT 或文小言，告诉它："帮我设计一天的学习时间表，我每天要完成以下任务：……"AI 会很快生成一份详细计划。如果觉得不满意，可以要求它进一步调整，比如"细化到每小时的安排"。

第二步：合理分配时间

时间分配要记住两点：

·**重要优先**：将最重要的任务放到最好的时间段完成。比如，解决数学难题可以安排到早晨。

·紧急其次：紧急任务放在接下来的时间去完成，但一定不能抢占重要任务的时间。

第三步：设置提醒与追踪

时间表制定好了，接下来最重要的是执行！这里推荐两款时间管理神器：

Notion：可以把 AI 生成的时间表复制进去，随时标注完成情况。

番茄钟：每 25 分钟设置一个番茄钟，专注完成任务，还能记录时间分布。

每天完成任务后，记得做简单的复盘，比如：

·今天的计划完成了吗？

·哪些地方需要调整？

学习关卡

制定一周的学习时间表并执行

任务步骤

·列出任务清单：明确每天需要完成的任务。

·生成时间表：用 AI 工具分配任务和时间，设置休息

提醒，中间空余 5 分钟。

· 执行与反馈：每天记录完成情况，总结并调整计划。

分享与讨论

完成任务后，和家人或同学分享你的体验，可以聊聊以下三个问题：

· AI 生成的时间表是否合理？

· 在执行过程中，有没有感悟或收获？

· 时间管理是否让你变得更高效？

你已收获

在这一章里，我们讲了如何让 AI 化身自律教练，帮助你更高效地完成学习目标。从学习计划、进度追踪，到突破学习瓶颈，再到合理、高效地安排时间，这是一套完整的学习闭环。

Chapter 5

AI 为你的兴趣加油

探索更广阔的世界

兴趣探索指南针

　　小红最近特别迷茫，她说自己对什么都没兴趣，但又觉得自己潜力无限，什么都想试试。这种迷茫的状态在很多年轻人身上都能看到，特别是那些每天上课、写作业、参加补习班的学生，时间被排得满满当当，却不知道自己真正喜欢什么。这种迷茫是正常的，但如果让兴趣成为学习的内在动力，生活就会变得完全不同。

　　我曾经对一个小朋友说："你可以尝试用 AI 发现自己的兴趣，AI 像一枚指南针，能够带你发现未知的领域。"以前，探索兴趣是需要花时间、花钱甚至花很多精力的，比如你想学开飞机，得有人带你去航空俱乐部，费用高昂。但有了 AI，一切就变得简单了，你只需要告诉 AI 你的大致兴趣点，它就能给你推荐一些领域和资源。

　　就像小红一样。她向 AI 输入了几个关键词：音乐、绘画、科学实验。AI 给她推荐了数字作曲、AI 绘画、趣味科

学实验等领域。尝试过后，她发现自己对数字作曲特别感兴趣，还用 AI 创作了一首生日歌，播放给父母听，父母感动得不得了。这种由兴趣带来的成就感，是学习最好的催化剂。

◆ 为什么兴趣探索很重要？

兴趣是发现潜能的第一步，它能引导你找到未来的方

向，发现潜能。当一个人全身心投入喜欢的事情时，注意力和专注力都会大幅提升，效率自然提高。兴趣让生活变得丰富而更有色彩，学习不再是完成单调的任务，而是一种充满乐趣的探索。

◆ 如何用 AI 探索兴趣？

AI 可以成为你的兴趣探索小助手，提供个性化的建议和资源，帮助你找到自己的方向。

步骤一：明确已有兴趣或兴趣关键词

想一想，你平时对什么感兴趣？或者哪些领域你很好奇却从未尝试过？关键词可以包括：

· 音乐：作曲、编曲、乐器学习

· 绘画：数字艺术、手绘、创意设计

· 科学：实验操作、天文探索、生物研究

步骤二：输入关键词获取推荐

用 AI 工具，如 ChatGPT 或文小言，输入兴趣关键词，让它给你推荐学习资源或实践项目。例如输入：

"帮我推荐一些适合初学者的科学实验。"

"有哪些与音乐相关的趣味项目可以尝试？"

AI 会根据你的输入生成相关的资源和建议，比如可以做的小实验、可以学习的艺术技巧等。

步骤三：尝试兴趣任务

根据 AI 的建议，选择一个领域开始尝试。

· 音乐：用 Suno AI 创作一段旋律。

· 绘画：用 Midjourney 生成一幅数字画。

· 科学：通过 SciStarter 完成一个趣味化学实验，比如"自制火山爆发"。

◆ **案例分享**

案例 1：数字作曲

关键词：音乐、编曲、旋律

工具推荐：

Suno AI：简单的音乐创作工具，可以生成旋律和背景音乐。

Amper Music：提供更多专业化的作曲选项，适合深入尝试。

案例2：AI绘画

关键词：绘画、创意、数字艺术

工具推荐：

Midjourney：生成数字画，适合初学者探索肖像、风景等内容。

Stable Diffusion：适合调整细节并生成更个性化的作品。

案例3：趣味实验

关键词：科学、化学实验

工具推荐：

SciStarter：提供科学实验项目的指南和资源。

PhET Interactive Simulations：适合做物理和化学的在线模拟实验。

◆ 用 AI 探索兴趣的优缺点

优点：

· 推荐多样化：根据需求提供多种选择，降低探索成本。

· 资源全面：AI 能找到适合你的教程、工具和活动。

· 门槛低：轻松尝试新鲜事物，不需要太多的准备。

缺点：

· AI 过度参与兴趣探索，可能会让你逐渐失去自主探索的动力和能力。

· AI 过度推荐你感兴趣的内容，容易导致视野狭隘，难以接触多元化的信息，可能产生认知偏见。

 学习关卡

通过 AI 工具探索新领域并完成实践任务

任务步骤

· 选择关键词：确定你感兴趣的领域（如音乐、绘画或科学等）。

· 获取推荐：用 AI 生成学习资源和任务建议。

· 完成实践：按照 AI 的推荐完成一次任务，并记录你的感受。

分享与讨论

完成任务后，和同学或家长分享你的体验：

· 通过 AI，你发现了哪些兴趣？

· 在实践过程中，哪一部分让你感到最有趣？

· 你是否打算继续深入这个领域？未来有何计划？

目前，AI 在教育领域的应用日益广泛，许多学校和教育机构利用 AI 技术帮助学生发现兴趣和潜能。以下是一些相关的新闻和案例：

可汗学院的 Khanmigo 项目：可汗学院开发了名为 Khanmigo 的 AI 助手，基于 GPT-4 技术，旨在为学生和教师提供个性化的指导和支持。Khanmigo 可以根据学生的学习风格、兴趣和能力，定制学习方案，实时解答疑惑，提升学习效果。

Jagoda.Ai 在线辅导工具：Jagoda.Ai 是一款 AI 驱动的在线辅导工具，涵盖数学、生物、化学等多个学科。学生可以通过上传照片或直接输入问题，获取分步解决方案。该工具支持 20 多种语言，适应不同学习者的需求，帮助学生发现和培养学科兴趣。

教育部发布了首批 18 个"人工智能 + 高等教育"应用场景典型案例，展示了 AI 在教育中的多种应用，包括个性化学习、智能辅导、智能评估等。这些案例为学生提供了多样化的学习资源，帮助他们探索兴趣领域。

AI 技术在教育中的应用不仅提高了教学效率，还为学生提供了个性化的学习体验，帮助他们发现和培养自身的兴趣。

如今，越来越多的 AI 工具不断更新迭代，我们应及时捕捉这些工具的信息。例如，DeepSeek 的出现不仅为教学和学生学习带来了诸多突破，还对孩子的兴趣培养产生了积极影响。在快速发展的 AI 时代，只有紧跟时代步伐、积极拥抱新技术，我们才能为孩子提供更优质的教育资源，培养他们应对未来挑战的能力。

 项目式学习：AI 陪你完成闭环任务

在开始之前，我要介绍一个词——项目式学习。这是我在北美读书时发现的一种学习方式。北美的孩子们几乎都在用它。所谓项目式学习，就是以完成一件具体的事作为结果，也就是我常说的"以终为始"。学习不能是盲目的，要有目标、有方向、有闭环的概念：这件事有没有完成？目标有没有达到？结果有没有出来？这些都非常重要。

◆ 一个孩子的项目式学习故事

我的一个朋友的孩子，最近在北美的科学课上接到了一个任务：完成一个关于环境保护的小项目。他想做得有趣，让大家眼前一亮，但一直找不到切入点。为此，他问了很多人，找了老师，也求助了家长，因为这个任务实在太难，像老虎吃天——无从下口。

这时候，他的朋友建议他试试用 AI，AI 不仅能帮他梳理项目思路，还能推荐资源，甚至优化成果。北美类似的案例非常多。比如，在美国，我还见过两个学生想创办一家出版社。然而创办出版社不是一件容易的事，从寻求资金、资源支持到寻找方向，每一步都很重要。原本这些事都得靠他们自己慢慢摸索，现在他们通过对 AI 进行不停的提问，最后把创办出版社这件事拆解成了 106 步！他们从第一步开始，稳扎稳打，竟然真的创办出了一家专门针对青少年进行心理辅导的出版社。

说回我的朋友的孩子，他打开 AI 工具，请求推荐一个与环保相关的小项目。AI 建议他制作一个关于低碳生活习惯的互动海报，并提供了素材和制作过程的指导。最终，这个孩子在课堂展示中赢得了大家的掌声，而原本他自己是无法独立完成这些的。

为什么呢？因为项目式学习最重要的是要有结果，而获得结果的过程往往被拆解成很多步骤。原本这些步骤是很难完成的，但有了 AI，所有难点就能迎刃而解。

◆ 项目式学习的特点

项目式学习是一种通过完成真实任务来掌握知识的方法。它非常适合探索式学习和解决实际问题。这种学习方式有以下特点：

·**任务驱动性**：学习是为了解决具体问题，而不是为了考试。这种学习方式重点在于解决问题。我经常发现，很多人的学习是假学习，因为他们没有解决具体问题。

·**综合性**：项目式学习通常会跨越多个学科。例如，把科学知识融入艺术表达中。你会发现，解决一个问题不可能只用一个领域的知识，而是需要整合多个学科的大量内容。这种方式有效地避免了偏科问题。

·**实践性**：任务式学习不是纸上谈兵。你可能掌握了很

多理论知识，但如果没有实践，知识是没有生命力的。所以，学生需要主动规划、执行，并最终展示成果。

◆ 如何用 AI 完成项目式学习？

用 AI 完成项目式学习其实并不难，我把整个过程分成了四个步骤：

第一步：明确项目主题

选择一个你感兴趣的主题。可以从你的课堂、生活中找灵感，看看哪些话题吸引了你，比如科学、艺术、环保或者社会问题。然后向 AI 提问，比如：

"帮我设计一个解决塑料污染问题的小项目。"

"帮我推荐一个垃圾分类的小项目。"

"帮我推荐一个与天文观测相关的学习项目。"

第二步：制订项目计划

使用 AI 帮助你拆解任务。输入指令：

"帮我分解一个小项目，主题是低碳生活习惯，需要包括研究、设计和展示环节。"

AI 会给出一份示例计划。你如果觉得不够详细，可以

继续要求 AI 细化。例如：

"请把第二步拆分成 3~4 个小任务。"

第三步：寻找资源与工具

AI 可以根据你的需求推荐工具、资料和灵感。例如，如果你设计一个环保项目，AI 会帮你找到与塑料污染相关的数据网站、绘图工具，甚至资源库。

第四步：执行并优化结果

有了前三步还不够，动手实践是最关键的一环！根据 AI 生成的计划，逐步完成任务。完成任务后，展示文稿初稿，再用 AI 提出改进建议，比如：

"帮我检查海报内容是否有吸引力。"

"根据以下反馈，优化我的项目展示文稿。"

◆ 用 AI 进行项目式学习的优缺点

优点：

·提高效率：AI 能帮助你快速梳理任务并找到解决方案。

·个性化支持：AI 能根据你的需求提供量身定制的建议。

·实时反馈与调整：AI 能整合海量的知识信息，提供素材，及时反馈你的偏差，帮助解决问题。

·提升成果质量：用 AI 能优化展示内容和最终结果。

缺点：

·过度依赖 AI：你需要培养独立思考能力，避免完全依赖 AI 而缺乏主动探索创新的意愿。

 你已收获

项目式学习是 AI 时代的"未来学习方式"。它不仅能打破学科之间的界限，还能让你用一种更有趣、更高效的方式解决问题。

 跨学科学习：打破界限，激发创造力

你是否注意到，当你发现一个人做事能力很强，总能把事情做到极致，而且你完全看不出他具体是什么专业的时候，这个人往往是高手。为什么？因为这样的人总能在不断的实践中疯狂地跨越学科的边界。

在工业革命之前，人类几乎没有"专业"这个概念。亚里士多德既是哲学家，也是科学家；梭罗写出了经典文学著作《瓦尔登湖》，但他同时还是地质学家。那个年代，人们相信人类的能力是多样且无边界的。但工业革命之后，各种专业被细分出来，很多人都被限制在自己的领域里。"专业"变成了一个被过度推崇的褒义词。

然而，AI 时代正在颠覆这一切。专业性曾经是进入某个领域的门槛。未来，拥有跨学科能力的人，才是真正能够解决复杂问题的人。这里的跨学科并不是要求你学习多个专业，而是学会如何用 AI 串联不同学科，跳出自己的知识"深井"。

◆ 小女孩的航海地图：跨学科学习的奇迹

最近我见到了一个小女孩，她在学习古代历史时发现，很多事件并不是孤立的，而是和科学、地理、心理学等学科息息相关。她被航海技术的发展与大航海时代的历史吸引住了，但她觉得自己没有办法厘清这些复杂的关系。

于是，我建议她使用 AI，AI 可以帮她串联起航海技术和历史事件，还能为她设计跨学科的小项目。她用 AI 搜索了航海技术的历史背景，还结合地理数据设计了一幅当年大航海时代的地图，标注了重要的航线和历史事件。最后，这幅作品在课堂展示后，赢得了所有人的掌声，而这个小女孩只有 7 岁。

这就是跨学科学习的魅力。跨学科学习通过结合不同学科的知识，探讨复杂问题或完成综合任务，不仅让学习更有趣，还能让人具备解决实际问题的能力。

◆ 跨学科学习的优点

跨学科学习通过结合不同学科的知识，让我们拓宽视野，打破单一领域的局限，发现学科之间的联系，形成整体性认知。多样化的学习方式可以让学习过程更加生动有趣，使我们不再死板地停留在某一学科的窠臼里，提高学习兴趣。除此之外，现实生活中的很多问题需要综合多个学科的知识，跨学科学习能够培养这种综合能力，解决生活中的许多实际问题。

◆ 用 AI 进行跨学科学习的步骤

第一步：选择跨学科主题

结合课堂内容或个人兴趣，选择一个主题进行专项练习。例如：

·历史＋地理：研究大航海时代的航线及其地理意义。

·科学＋艺术：将显微镜下的植物细胞结构转化为艺术作品。

·数学＋科学：探讨数据统计在生物研究中的应用。

第二步：用 AI 设计任务

输入提示，帮助 AI 理解你的跨学科任务。例如：

"帮我设计一个结合历史和地理的学习项目，研究大航海时代对社会的影响。"

"如何将科学知识和艺术结合，创作一幅生物学相关的艺术作品？"

第三步：获取跨学科资源

使用 AI 获取相关知识点、数据以及学习资源。例如输入：

"列出大航海时代重要的航线及其地理特征。"

"推荐一些植物细胞显微图作为艺术创作的参考。"

第四步：完成任务并展示

整合学习成果，设计一个展示形式（如海报、短视频或文案等）。例如：

·历史＋地理：绘制历史航线图，并标注重要航海事件。

·科学＋艺术：用 AI 生成的图像创作一幅结合科学的数字绘画。

跨学科学习的核心是创新，而创新来自学科之间的碰撞。例如：

·历史＋地理：结合 AI 生成的历史航线数据，绘制了一张全球航海地图。

·科学＋艺术：通过显微镜观察植物细胞，结合 AI 设计了一幅数字艺术作品。

跨学科的学习能够激发无限的创造力，让知识真正融会贯通。这不仅是对学科界限的突破，更是对传统教育模式的深刻反思。

 学习关卡

用 AI 完成一次跨学科学习

任务步骤

·选择主题：从兴趣或课堂内容中选择一个跨学科的主题。

·设计任务：向 AI 输入指令，便于 AI 理解你的目标。

·获取资源：使用 AI 获取相关知识点和学习工具建议。

·完成任务：根据 AI 建议，完成一个跨学科的作品，并记录整个过程。

分享与讨论

与同学和家长分享你的学习体验，可以从以下方面展开：

·你选择的学科和主题是什么？

·AI 在哪些环节对你帮助最大？

·通过跨学科学习，你对知识的联系有哪些新的认识？

探索者任务：用 AI 完成一个小项目

　　小红最近有些烦恼，她总觉得自己没有灵感，创意枯竭，做什么事都提不起劲儿。有一天，老师鼓励大家完成一个小项目，并说道："结合兴趣，用你学到的知识创造属于自己的

作品，不管是研究艺术还是设计实用的小发明，都可以。"这话让小红更担忧了，她已经好久没做过这样的事了，感觉无从下手。

这时，同桌小明来了句："别担心，我们可以试试 AI 啊！这个聪明的'伙伴'可以给你点子，还能帮你一步步拆解任务，甚至能把你的成果优化得更棒。"小红决定试试看，于是开始了她的 AI 探索之旅。最终，她设计了一张关于"减少校园浪费"的互动海报。要知道，这个主题之前离她特别远，她甚至没想过自己能做得这么好。结果，这个项目让她成了班里的小明星。

◆ 为什么要用 AI 完成一个小项目？

所有的大项目都是从小项目开始的。当你意识到小项目是学习和应用的最佳起点，你会发现，完成一个小项目不仅能锻炼你的动手能力，还能让你看到知识的实际用处。完成小项目有以下几点好处：

提升综合能力

通过结合多个学科的知识解决实际问题，锻炼整合能力。

激发创造力

在实践中发挥创意，开发想象力，让你的作品更有趣。

增强自信心

每完成一个项目，都会让你感到成就感满满。

◆ 如何用 AI 完成一个小项目？

以下是用 AI 完成小项目的具体步骤，需要记住的是，小项目并不需要复杂，但要有意义！

第一步：选择项目主题

从兴趣出发，选择一个你感兴趣的主题。如果一时想不到，可以通过与 AI 对话获得灵感。例如输入：

"推荐一些与环保相关的小项目。"

"帮我设计一个同学们最喜欢的运动调查方案。"

第二步：规划项目流程

使用 AI 设计项目计划。例如输入：

"帮我制定一个关于减少校园浪费的项目步骤。"

AI 可能会生成如下计划：

·调查校园浪费现象，例如一次性餐具使用情况。

· 用图表展示浪费的类型和数量。

· 制作一张减少浪费的宣传海报，并设计一场讨论会。

第三步：用 AI 获取资源和创意

AI 是你的强大助手，能够帮你找到数据、资源，甚至提供创意支持。可以尝试以下提示：

"设计一张减少塑料袋使用的互动海报。"

"根据以下数据生成一张饼状图，显示不同浪费类型的比例。"

第四步：优化并展示结果

完成初稿后，优化才是关键，每次优化都是进步的机会。

让 AI 帮你检查文案是否有吸引力："帮我检查海报内容，提升吸引力。"

让 AI 优化展示效果："根据以下反馈，帮我改进展示文稿。"

多说一句：优化时，记得给自己留点时间。比如，睡一觉后再来优化，你会发现脑子比熬夜修改时清晰多了。

◆ 案例分享

案例 1：减少校园浪费项目

主题：减少校园浪费

计划：用 AI 生成有关浪费现象的调查问卷，收集同学意见并生成数据图表；设计宣传海报，增强环保意识。

工具：

数据分析：用 Excel 或 Google 表格绘制饼状图。

设计：用 Canva 设计海报。

AI 支持：用 ChatGPT 优化内容和展示逻辑。

案例 2：未来城市设计项目

主题：AI 与未来城市

计划：用 AI 绘制城市布局草图；设计一份智能交通解决方案。

工具：

视觉化工具：使用 AI 工具，如 DALL·E 等生成城市未来景象。

数据支持：用 AI 分析当前城市发展趋势，提出优化建议。

用 AI 完成一个你感兴趣的小项目

任务步骤

· 选择主题：确定你想研究或创作的主题，可以是环保、艺术、科学等领域。

· 规划项目流程：让 AI 分解任务，设计项目步骤。

· 获取资源和创意：让 AI 帮你推荐相应资源并找到创意点。

· 优化并展示成果：执行任务，并用 AI 优化成果，至少优化两次，确保作品完美。通过海报、短视频或 PPT 等形式分享你的作品，展示你的学习成果。

分享与讨论

完成任务后，与同学或家长分享你的探索体验。以下问题可以作为讨论点：

· 你选择的主题是什么？AI 在哪些方面帮助了你？

· 项目过程中哪部分最有趣？哪部分最具挑战性？

· 如果重新做一次项目，你会如何改进？

在这一节里，你学会了如何用 AI 完成一个小项目，从规划到展示提升了实践能力。同时，你被激发出了更多的创造力。分享成果后，你会发现：原来学习和探索可以变得这么有趣！

给家长的一封信

亲爱的家长朋友：

最近我收到不少家长的来信，大家都在为孩子的学习成绩焦虑。有位家长这样写道："我的孩子每天从早到晚刷题，成绩确实有进步，但他并不快乐，甚至开始厌学。我不知道这么下去，对孩子的未来到底好不好。"这封信让我沉思很久。

作为一名老师，我无数次看到孩子们低头刷题的样子，他们眼里有光，却总是被分数的框架框住。我们把孩子的一生都寄托在分数上，却很少问：他们将来该用这些分数做什么？

最近我在北美做调研的时候，看到了一种完全不同的学习方式。美国的很多学校，已经在尝试"项目式学习+AI"的教学方法。他们的课堂没有"卷"知识，而是在探讨问题，解决问题。他们不会让孩子死记硬背某个历史事件的年份，而是带着孩子去研究这些事件发生的因果，比如航海技术和大航海时代的关系、地理环境和殖民扩张的联系。这种学习方式有一个核心理念——以终为始。

什么是以终为始？简单来说，就是从结果出发，带着目标去学习。北美的孩子不会仅仅为了考试而学，而是为了完成一个项目、解决一个真实的问题而学。在这个过程中，他们学会了综合运用知识，培养了解决问题的能力。而这些，正是未来社会最需要的能力。

为此，我特意去了美国很多所学校，其中一所普通的中学设计了一堂以"可持续发展"为主题的项目课。孩子们分成小组，去研究校园内的浪费问题。通过使用 AI，他们完成了以下几个步骤：

· 调查现状：用问卷调查收集数据，比如食堂每天浪费了多少食物。

· 分析数据：用 AI 生成图表，帮助孩子们直观地了解问题的严重性。

· 设计解决方案：学生们设计了"减少浪费"的宣传活动，包括海报、社交媒体视频和校内倡议书。

·展示成果：他们在学校的开放日展示了项目成果，还提出了一些创新的建议，比如"学生自助餐"模式。

在这堂课里，每个孩子都像是一个研究者。他们用到的知识不仅有数学，还涉及科学、艺术，甚至社会学。这是一次跨学科的学习，也是一次真正的实践。最重要的是，孩子们在这个过程中，学会了合作、思考和创新。这让我很震惊，为什么他们可以让学生这么开心地学到知识和技能？

我想，这就是项目式学习的意义。

美国的无数教育专家指出：未来社会最需要的，不是考试的满分，而是解决问题的能力。项目式学习的目标，不是让孩子成为某一科目的高手，而是成为一个全面发展的创造者。数据显示，参与过项目式学习的学生，在申请大学时更具竞争力，特别是在科技创新领域，更容易脱颖而出。

美国教育委员会的数据显示：

·参与项目式学习的学生，有80%的人在一年内掌握了跨学科应用知识的能力。

·在 STEAM（科学、技术、工程、艺术、数学）教育领域，参与项目式学习的学生，有高达 92% 的人更愿意主动探索相关职业。

·采用 AI 辅助的项目式学习的学校，学生的学业表现提升了 30%，尤其是写作和解决问题的能力增长显著。

反观我们的孩子，他们在题海中疲惫不堪，所有的学习都只为了考试，而非实际运用。或许我们需要问问自己：这样的努力，是否用力过猛？

如果你要问我有什么建议，我的建议是，不要再"卷"分数了。

亲爱的家长朋友，我想跟你们分享一句话：教育的本质，不是竞争，而是培养。我们的目标不是让孩子赢在分数上，而是让他们拥有面向未来的能力。AI 已经让"知识"不再稀缺，向 AI 输入一个问题，就能得到答案。未来，孩子们的核心竞争力是创新思维能力和解决问题的能力。而这些，刷题是刷不出来的。

所以，不要再"卷"分数了。相反，我们要让孩子学会思考，学会用知识为自己的人生开路。教育的意义，从

来都不在分数里，而在孩子的眼神里。如果你的孩子在刷题时眼里没有光，我希望你能让他停下来，问问他："你想解决什么样的问题？你想用这些知识做什么？"

带着这些问题，让孩子尝试项目式学习吧。你可以从最简单的小项目开始，比如：

· 用 AI 设计一张环保海报。

· 调查自己小区的垃圾分类情况，用图表展示结果。

· 设计一个"未来城市"的方案，用数字绘图工具制作草图。

这些项目可能不会立刻带来考试成绩的提升，但它会让孩子爱上学习，找到学习的真正意义。

亲爱的家长，我希望您记住：教育不是一场短跑，它是一场马拉松，让我们陪孩子跑得更远。不要再"卷"分数了，要培养孩子的兴趣与面对未来的能力。

李尚龙

全面提升
综合素质

成为全面发展的宝藏学生

 ## AI 多面手：助力你的全面发展

这是一个真实的故事。老师在班会上对大家说："学习知识固然重要，但德、智、体、美、劳五育全面发展，才能成为真正优秀的学生。"

这里我们要先弄明白什么是五育。五育分别指的是德育、智育、体育、美育、劳育。德育可以培养学生良好的品德、增强社会责任感；智育可以帮助学生丰富知识储备，提升逻辑思维能力；体育则有助于学生强化身体素质，保持健康活力；美育意在培养学生的审美能力，发现生活中的美；劳育可以让学生在动手实践的过程中，学会珍惜劳动成果。五育是学生成长的关键。它们不仅能提升学习能力，还能让学生成为一个有创造力、责任感和健康生活习惯的人。

小明听后点了点头，他一直希望自己在学习之外，也能提升其他方面的能力，比如加强体育锻炼、培养艺术特长，还想参加社会活动，但总觉得时间不够用，也找不到合适的方法。

这个"小明"就是曾经的我。那时的我很绝望，甚至不知道何去何从，但现在不会了。因为现在有了 AI 的辅助。

如果那时的我穿越到现在，小红会对我提议道："试试让 AI 帮忙吧！它可以为你定制锻炼计划、推荐艺术资源，还能帮你找到适合的活动。"

我试了试，用 AI 优化了自己的日常安排，还加入了一些小任务，比如每天锻炼 30 分钟，学唱一首新歌，或者完成一次志愿活动。我发现自己的生活更有趣了！

◆ 如何用 AI 提升五育能力？

以下是 AI 在每个领域提供给你的方法和建议：

德育：培养品德与社会责任感

AI 工具推荐：ChatGPT

任务示例：

·讨论日常生活中的道德选择：

如何处理同学间的冲突？

他人遇到困难时，如何提供帮助？

·请用 AI 设计一个公益活动方案，比如环保宣传或社

区服务。

智育：提升学习与思维能力

AI 工具推荐：文小言、Quizlet

任务示例：

· 用 AI 制订每日学习计划，完成学习任务。

· 用 Quizlet 制作知识卡片，提升记忆效率。

体育：提升体能与健康水平

AI 工具推荐：Google Fit、MyFitnessPal

任务示例：

· 用 AI 生成个性化锻炼计划：

"帮我设计一个每天 30 分钟的运动计划，包括跑步和拉伸。"

· 记录每日运动数据，用 AI 分析体能变化。

美育：发现美和创造美

AI 工具推荐：DALL·E、GarageBand

任务示例：

· 用 DALL·E 创作一幅以"未来城市"为主题的数字画。

·用 GarageBand 尝试创作一段属于自己的旋律。

劳育：培养实践能力

AI 工具推荐：ChatGPT

任务示例：

·用 ChatGPT 设计一个动手实践项目，比如制作手工艺品或种植植物。

·用相关教程完成项目并记录成果。

◆ **案例分享**

案例1：德育——策划环保活动

AI 工具：ChatGPT

任务内容：

用 ChatGPT 设计一场"减少塑料使用"的宣传活动，包括宣传语和活动安排。

在社区中组织同学分发环保手册，宣传低碳生活理念。

成果：

小红的活动受到了社区居民的好评，大家还承诺减少一次性塑料袋的使用。

案例2：体育——个性化锻炼记录

AI 工具：Google Fit

任务内容：

用 Google Fit 记录每日步数和跑步距离。

每周用 AI 生成运动报告，分析进步情况。

成果：

小明坚持每天跑步 2 公里，体能有了显著提升，他的健康指数也在稳步提高。

案例3：美育——创作数字画

AI 工具：DALL·E

任务内容：

用 DALL·E 生成一幅"未来自然景观"的数字画。

在班级美术展示会上分享创作灵感。

成果：

小刚的画作展示了"天空之城"的场景，他的创意让同学们叹为观止。

◆ 用 AI 提升五育能力的优缺点

优点：

·资源多样：AI 能提供丰富的任务建议和实践资源。

·提升效率：AI 帮助优化时间分配，让五育活动融入日常生活。

·个性化支持：根据个人需求定制计划和任务。

缺点：

·需要长期投入：五育活动需要长期投入，短期内可能看不到明显成效。

·过度依赖 AI：如果长期依赖 AI 工具，可能会削弱实际动手和思考能力。

感受全面发展的乐趣

任务目标

在一周内完成五育相关的任务，感受全面发展的乐趣。

五育任务清单			
种类	任务内容	AI 工具与建议	成果总结
德育	策划一次环保宣传活动	ChatGPT	社区居民积极响应

续表

种类	任务内容	AI 工具与建议	成果总结
智育	背 50 个单词并制作知识卡片	Quizlet	单词记忆效率提高
体育	每天跑步 2 公里并记录运动数据	Google Fit	体能显著提升
美育	创作一幅"未来自然景观"数字画	DALL · E	作品在展示会上获好评
劳育	种植一盆植物并记录生长过程	ChatGPT	成功记录了植物的生长变化

分享与讨论

完成任务后，与同学或家人分享你的五育体验：

· 哪一项任务让你感受最深？为什么？

· AI 在任务中对你帮助最大的是哪部分？

· 通过这些任务，你是否发现了新的兴趣或潜力？

你已收获

在这一节中，你学会了：

· 用 AI 帮助规划和完成德、智、体、美、劳五个领域的活动，提升综合素质。

· 理解全面发展的重要性，发现更多学习和成长的可能性。

· 在实践中获得乐趣和成就感，激发对生活和学习的热情！

🤖 AI 健康管家：
设计你的专属健身计划

小明最近发现，跑操的时候总是比别人先感觉到累，他开始担心自己的体能跟不上大家。

"我该怎么锻炼才能变得更强壮？"小明向体育老师请教。

老师建议他试试用 AI 工具："AI 就像一位健康管家，可以帮你设计科学的健身计划，记录你的运动进展，还能给出改进建议！"

于是，小明用 AI 规划了自己的健身计划，每天坚持跑步、拉伸和核心训练，短短一个月，他的体能有了显著提升！

◆ 为什么健康很重要？

健康是学习和生活的基础。只有拥有强壮的身体和充沛的精力，才能更好地面对挑战。强健的身体能让你更高效地学习和运动，健康的生活方式有助于提高学习效率，增强专注力，良好的锻炼习惯可以减少生病的可能性。

◆ 如何用 AI 规划健身计划？

以下是用 AI 规划健身计划的具体步骤：

第一步：明确健身目标

想一想，你希望通过锻炼达到什么目标？比如：

· 增强体能：增加耐力和力量。

· 减肥塑形：控制体重、塑造体形。

· 提升运动表现：为校队比赛做准备。

输入示例：

"帮我设计一个提高跑步耐力的训练计划。"

"我想每周运动 3 次，帮助控制体重。"

第二步：生成个性化计划

工具推荐：

Google Fit: 记录步数、热量消耗和运动时间。

MyFitnessPal: 追踪饮食和健身数据，提供健康建议。

Nike Training Club: 提供专业运动课程和视频指导。

输入示例：

"设计一个初学者跑步计划，每天跑步 20 分钟。"

"推荐一个包含拉伸和力量训练的全身锻炼计划。"

AI 生成计划示例：

目标：提高耐力，每天跑步。

计划：

周一：跑步 1 公里 + 10 分钟拉伸。

周三：跑步 2 公里，增加速度训练。

周五：跑步 3 公里，注重呼吸节奏。

周末：轻松慢跑 1 公里，放松肌肉。

第三步：记录并分析运动数据

每次运动后，记录数据并分析进步：

· 跑步：距离、时间、速度。

· 力量训练：组数、重量、动作完成度。

· 饮食：摄入的热量和营养比例。

输入示例：

"总结我的运动记录，分析是否有进步。"

"根据以下数据，调整我的健身计划。"

◆ 案例分享

案例 1：提高跑步耐力

AI 工具：Google Fit + Nike Training Club

任务内容：

用 Google Fit 记录每日跑步距离和时间。

按照 Nike Training Club 的课程进行呼吸训练和腿部力量训练。

成果：

小明从每天只能跑 1 公里，提升到连续跑步 3 公里，他的耐力明显提高。

案例 2：塑形与健康饮食

AI 工具：MyFitnessPal

任务内容：

用 MyFitnessPal 记录每日饮食，并分析热量摄入。

每周用 AI 生成一次饮食和运动报告，调整饮食结构。

成果：

小红通过合理饮食和锻炼，在两个月内减重 2 千克，同时保持了健康状态。

案例 3：备战校队比赛

AI 工具：ChatGPT + Nike Training Club

任务内容：

用 ChatGPT 设计篮球专项训练计划，包括投篮、运球和体能训练。

每周完成两次高强度间歇训练，提高比赛表现。

成果：

小刚在校队选拔中表现出色，成功成为队员，还得到了教练的表扬。

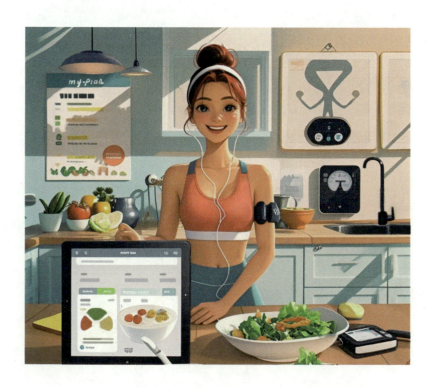

◆ 用 AI 规划健身计划的优缺点

优点：

·科学合理：AI 提供的计划符合身体特点，可以避免运动过度或不足。

·实时反馈：运动数据可帮助调整目标，提升效率。

·多样化选择：AI 推荐的课程和训练方式丰富有趣，避免单调。

缺点：

·个别计划适配性不高：AI 生成的计划可能需要根据实际情况微调。

 学习关卡

为自己设计一个健身计划

用 AI 设计并完成一个为期一周的健身计划，记录你取得的进步。

任务步骤

·确定目标：增强耐力、减脂塑形或提升运动表现。

·生成计划：用 AI 工具设计个性化训练方案。

·记录与反馈：每天记录运动数据，周末总结成效并调整计划。

任务模板

目标	AI 推荐的训练计划	完成情况	进步总结
增强跑步耐力	每天跑步 2 公里，周末慢跑	完成 5 天跑步，速度提升	耐力显著提高
减脂塑形	每周运动 3 次＋控制饮食摄入	运动完成 100%，饮食改善	体重减轻，体形更紧实
提升运动表现	篮球专项体能训练	完成 4 次专项训练	投篮命中率提高 20%

分享与讨论

老规矩，完成任务后，与同学或家人分享你的健康计划完成体验：

· 你在锻炼过程中遇到了哪些挑战？是如何克服的？

· AI 设计的计划对你的帮助大吗？哪些部分特别有效？

· 通过这一任务，你对健康生活有什么新的认识？

你已收获

在这一节中，你学会了：

· 用 AI 设计科学的健身计划，提升体能和健康水平。

· 通过记录与反馈，找到更适合自己的运动节奏和方式。

· 理解健康生活的重要性，将锻炼融入日常习惯中！

知识链接

近年来，青少年参与体育运动的情况备受关注。

· 青少年运动参与率

根据国家国民体质监测中心发布的《2020 年全民健身活动状况调查公报》，7 ~ 18 岁儿童青少年中认为体育健身具有积极作用的比例为 91.0%，其中经常参加体育锻炼的比例为 55.9%。

· 常见运动项目

同一报告指出，7 ~ 18 岁儿童青少年参与最多的运动项目依次为跑步（15.6%）、跳绳（11.2%）、羽毛球（10.3%）、健步走（9.9%）和乒乓球（6.6%）。

· 运动意愿与影响因素

研究显示，我国青少年整体运动意愿较积极，绝大多数青少年对体育运动持正面态度。然而，学习压力、缺乏时间和场地等因素可能影响他们的运动参与度。

· 运动对心理健康的影响

研究发现，青少年时期（尤其是 15～17 岁）保持规律的运动习惯，对成年后的心理健康有积极影响。那些在此年龄段停止运动的人，成年后专注力、信心和冷静度都有所下降。

· 对运动益处与障碍的感知

调查显示，9～18 岁儿童青少年对运动益处和障碍的感知存在性别和年龄差异，但总体上，他们认可运动对健康的积极作用，同时也面临学习压力、时间不足等障碍。

 心灵成长小助手：用 AI 管理情绪

最近，小红因为一次考试没考好而感到沮丧。她对妈妈说："我很努力了，但为什么成绩还是不理想？是不是我不够聪明？"

妈妈安慰她："成绩不是衡量你的唯一标准，或许你只是需要调整一下心态。我们一起试试 AI，或许它能帮你找到更积极的方式面对压力。"

小红在妈妈的陪伴下，试着打开一个 AI 情绪管理助手，写下了自己的心情。AI 不仅给了她温暖的鼓励，还推荐了一些放松心情的方法，比如听音乐、写感想、做深呼吸。她按照 AI 的建议做了一会儿深呼吸，感觉好多了！

特别提醒一下，和 AI 聊天的时候，要仔细甄别聊天内容，千万别让 AI 控制了你的情绪。

◆ 为什么情绪管理很重要？

每个人都会经历情绪波动，特别是在学习和生活压力较大的时候。学会管理情绪，可以让你更平静地面对挑战，

减少焦虑和对失败、未知的恐惧，以积极的心态，更加专注、高效地完成任务。情绪稳定的人更容易与他人友好相处。因此，学会情绪管理还有助于我们改善人际关系。

◆ 如何用 AI 管理情绪？

AI 工具可以帮助你识别情绪、缓解压力，并提供有针

对性的建议。以下是操作步骤：

第一步：识别情绪

工具推荐：Woebot、ChatGPT

向 AI 工具输入：

"我感觉很难过，因为考试成绩不理想，怎么办？"

"最近我总是焦虑，感觉学习压力很大。"

AI 的反馈：

AI 会通过分析你的表达，判断你可能的情绪状态，并给予安慰或建议，比如：

"失败是成长的一部分，你已经很努力了，不要放弃！"

"试着列出你的学习目标，逐步完成，你会更有信心。"

第二步：缓解情绪

推荐方法：

·深呼吸练习：让 AI 指导你进行 3 分钟的深呼吸放松练习。

·正念冥想：用 AI 生成冥想音频，帮助平复心情。

·记录情绪：在 AI 工具中记录情绪变化，观察你的进步。

AI 的建议示例：

现在试着闭上眼睛，深吸一口气，再慢慢呼气，重复 5 次。

听这段轻音乐，放松你的身心，感受内心的平静。

第三步：培养积极心态

工具推荐：Woebot 、BetterHelp

任务示例：

· 每天记录一件让你开心的事情，用 AI 帮助整理成"正能量日记"。

正能量日记示例：

今天的开心事：

老师表扬了我的作业。

午餐时，和朋友一起分享了笑话。

完成了所有的学习任务，感觉很有成就感！

· 与 AI 分享你的目标或梦想，获得鼓励和建议。

（以上孩子与 AI 聊天，建议在家长的监督下进行）

◆ 案例分享

案例 1：小红利用 AI 减轻考试压力

小红最近因为数学考试没考好，心情很低落。"我复习

了这么久，为什么还是出错？"她委屈地向妈妈诉苦。

妈妈看她这么难过，就和她一起试试用 Woebot。这是一款 AI 情绪管理助手，可以帮助她缓解紧张情绪。小红在妈妈的陪伴下将心情记录在 App 中，AI 温和地安慰她："每个人都会犯错，重要的是从中学习并改进。让我们一起制订一个新的学习计划，好吗？"

小红接受了 AI 的建议，用它设计了错题分析表，还加入了考试前的放松练习，比如听轻音乐和深呼吸。下一次考试时，小红提前一天调整好了情绪，发挥出了自己的正常水平。拿到好成绩的那一刻，她终于笑了："原来管理好情绪这么重要！"

我们来总结一下小红利用 AI 减轻考试压力的过程。首先，她在妈妈的陪同下用 Woebot 记录自己考试前的紧张情绪，并获取了缓解方法。AI 给她的建议是：制订详细的复习计划，减少她和妈妈为之带来的焦虑感。其次，她在考前听轻音乐，进行深呼吸练习。最后，通过她和妈妈仔细辨别这些方法，小红在考前调整了情绪，发挥出了自己的最佳水平。

案例 2：小明利用 AI 提升自信心

小明一直觉得自己不够优秀，总是怀疑自己的能力。

每次面对展示自己的机会，他都选择退缩。班主任注意到了他的困惑，建议他在父母的陪同下试试和 AI 对话，让它帮忙打破自我怀疑的怪圈。

妈妈和小明一起打开 ChatGPT，开始记录每天的心情，并尝试写下一些鼓励自己的话。第一次，他写道："今天我没有退缩，回答了老师的问题。"AI 回应道："这是迈出第一步的勇气！相信你会越做越好！"

接下来的一周，小明每天都会记录一件让自己开心的事情，比如"完成了一份作业"或者"跑步比上次更快了"，妈妈看到小明的记录也十分开心。他逐渐发现，原来自己也有很多值得骄傲的地方。班级展示活动时，他终于勇敢地站在讲台前，流利地讲解了自己的作品，赢得了同学们的掌声。他告诉自己："原来我可以做得这么好！"

我们来总结一下小明利用 AI 提升自信心的过程。他在妈妈的陪伴下每天与 ChatGPT 对话，记录自己的进步，ChatGPT 则会回应一段鼓励他的话。比如，AI 会和他说："今天又是充满可能性的一天，你一定能完成所有的目标！""不要害怕犯错，每一次尝试都是进步的机会。"这样坚持下来，小明在一周后发现自己变得更加自信，对学习也充满了动力。

案例3：小刚利用 AI 养成保持正能量的习惯

　　小刚是一个喜欢独处的孩子，他总觉得自己没什么特别的兴趣，也很少参与班级活动。一次班会上，老师鼓励大家试着记录生活中的小美好，小刚下课后悄悄问老师："如果我觉得生活没什么好写的怎么办呢？"

　　老师给他推荐了一款 AI 日记助手，说："不如在父母的监督下试着用它记录一下，哪怕是很小的事情，比如今天吃了一顿好饭，或者看到了一朵漂亮的花，都可以写进去。"

　　小刚试了一下，第一天他写道："今天课间看到了校园里的小猫，觉得它好可爱。"AI 回应："这真是一件暖心的事情！或许你可以多观察生活中的这些小细节。"妈妈实时查看小刚的记录，并关注 AI 给出的回应。

　　渐渐地，小刚的日记变得丰富起来，他会写"我帮同桌解答了一道题""今天的云朵特别像棉花糖"。几周后，小刚和同学们分享了自己的日记，大家惊讶地发现他记录了很多被忽略的小美好。小刚也笑着说："原来生活中有这么多值得开心的事！"

　　我们来总结一下小刚利用 AI 养成保持正能量的习惯的过程。他用 AI 记录正能量日记，并制定"快乐小任务"。

AI 给他推荐的小任务有：给朋友发一条表达感谢的短信；在公园散步 10 分钟；观察周围的自然景色；完成一次小手工制作，感受创造的乐趣。小刚通过这些小任务，发现了更多生活中的美好。妈妈在不知不觉间，也看到了小刚的变化，她通过实时监督 AI，得到了正向反馈。

 学习关卡

用 AI 管理你的情绪

任务目标

在一周内用 AI 记录并管理你的情绪，尝试缓解压力和培养积极心态。

任务模板

日期	心情记录	AI 的建议	效果反馈
周一	考试后感觉沮丧	列出错题原因，逐步改进	更有信心面对下次考试
周三	感觉学习压力较大	做深呼吸和正念冥想	压力明显减轻
周五	很开心，完成了学习目标	记录成就，分享正能量故事	更加相信自己的能力

（注：所有的聊天内容建议在家长的监督下进行）

分享与讨论

完成任务后，与同学或家人分享你的情绪管理体验：

· AI 在哪些方面对你的情绪管理帮助最大？

· 哪些方法最有效？你是否会长期坚持？

· 在管理情绪的过程中，你发现了哪些有趣的事情？

你已收获

在这一节中，你学会了：

· 用 AI 识别情绪并获取缓解方法，学会应对压力和挑战。

· 通过记录和反思，培养积极心态，发现更多生活中的美好。

· 将情绪管理融入日常生活，成为更乐观、更自信的自己！

近年来，AI 在学生情绪管理和心理健康领域的应用日益广泛，以下是一些真实案例，展示了 AI 如何帮助学生调节情绪、提升心理健康水平。

案例 1：科大讯飞的"AI 心理伙伴"

截至 2024 年 8 月，科大讯飞推出的"AI 心理伙伴"已覆盖 4947 所学校，服务 391 万中小学生。该系统通过情感识别和共情表达等功能，帮助学生倾诉烦恼，提供心理支持。应用后，学生的心理问题检出率显著下降，如"自责倾向"从 12.2% 降至 3.61%，"学习焦虑"从 20.76% 降至 9.21%。

案例 2：广州市天河区华阳小学的"校园情绪 AI 伙伴"课程

在广州市天河区华阳小学，教师黎娜设计了四年级的"校园情绪 AI 伙伴"课程，利用 AI 技术帮助学生识别和管理情绪。该课程通过互动活动和 AI 工具，提升了学生的情绪认知能力，促进了学生的心理健康发展。

案例 3：华怡心辰的 AI 动态异常情绪筛查系统

华怡心辰开发的 AI 动态异常情绪筛查系统，利用专用摄像头捕捉学生面部和颈部肌肉微振动数据，实时分析情绪状态。该系统已在多所学校应用，帮助及时发现学生的情绪异常，提供早期干预，保障学生心理健康。

这些案例表明，AI 技术在学生情绪管理和心理健康教育中发挥着积极作用，提供了有效的支持和干预手段。

Chapter 7

家长和AI的联手策略

陪伴孩子的学习冒险

 家长的 AI 指南针

在我的视频号的后台，总能看到不少妈妈因为孩子的学习问题而烦恼。最近有一位家长，也是我的好朋友，发现她家孩子写作业的时间越来越长，每天晚上都要熬到 11 点，成绩不仅丝毫没有提高，还越来越疲惫。有一次，她看到孩子趴在桌子上睡着了，忍不住问："学习上有什么困难吗？"但孩子的回答却是："我也不知道。"

在一次家长会上，老师建议家长可以试试用 AI 工具来辅助了解孩子的学习状态。这位家长找到我，问有没有什么 AI 工具可以帮助孩子提高成绩。于是，我和她聊了很久。现在我通过本节内容，把家长如何利用 AI 的经验和方法分享给更多人。其实，AI 不仅能帮家长发现孩子的强项和弱项，还能提供一些科学的学习建议。

抱着试试看的心态，这位妈妈注册了一个学习辅助平台，通过分析孩子的练习数据，她发现了问题所在——孩子在几何题上的理解特别薄弱。于是，她让孩子专注攻克几何题，并用 AI 生成有针对性的练习题，以及一套科学的复习方法。几周后，孩子的成绩有了明显提高，作业也能在晚上 10 点之前完成，还能睡个好觉。妈妈感慨地说："原来问题并不是孩子不努力，而是我们没有找到正确的方法！"

为什么家长需要 AI 的帮助？其实，AI 就像是一位精准的学习助手，可以帮助家长更高效地了解孩子的学习动态，并制订有针对性的解决方案。以前，家长可能需要为孩子找辅导班或课外老师，花费大量时间和金钱，现在这些问题可以通过 AI 轻松解决。家长使用 AI 有以下三个显著优势：

· 精准洞察：AI 可以通过分析数据，帮助家长发现孩子学习中的瓶颈，比如哪些知识点掌握不牢固。

· 高效陪伴：家长用更少的时间，提供更有针对性的帮助，省时省力。

· 增强互动：家长和孩子一起使用 AI，不仅能增进亲子关系，还能使孩子更快完成学习任务，享受更多亲子时间。

◆ 如何用 AI 了解孩子的学习动态？

以下是三个简单的步骤，帮助家长快速上手：

第一步：获取学习数据

现在市面上的 AI 学习工具种类繁多，你可以选择适合孩子的工具来获取学习数据。之后输入指令，比如："帮我分析孩子最近数学测验的成绩，找出出错的知识点。"或者："生成一份孩子学习进度的图表，标注出薄弱环节。"AI 能够快速处理这些数据，直观地展示问题。

第二步：分析学习瓶颈

通过 AI 分析，你可以发现孩子对哪些知识点掌握不扎实，或者学习习惯中有哪些需要调整的地方。例如，AI 可能会给出这样的反馈："几何题目正确率较低，建议多做空间思维练习。""学习时间分布不均，建议每天安排固定学习时段。"这些分析可以帮助家长迅速找到孩子学习的症结所在。

第三步：制订个性化学习计划

使用 AI 生成一份具体的学习计划。例如："设计一份针对数学几何单元的学习计划，每天学习 30 分钟。"或者："生成一份背诵 10 个英语单词的任务清单。"通过将任务细

化，家长和孩子都能更有方向感。

◆ 案例分享

　　有一位家长的例子让我印象深刻。她的孩子每天认真做作业，但成绩却总在平均分数线徘徊。她用 AI 工具分析孩子的数学错题记录后，发现分数计算部分正确率只有 50%。AI

建议让孩子每天多做 3 道分数应用题，并推荐了一些互动性强、有趣的练习内容。两周后，孩子的成绩从 75 分提高到了 89 分。这位妈妈开心地说："AI 真是帮了我的大忙！"

案例 2

一位爸爸辅导孩子做作业时总被吐槽"讲不清楚"。后来，他用 AI 生成了图文并茂的几何题讲解，还让孩子用 AI 做模拟测验。结果孩子不仅掌握了几何公式的应用，还主动和爸爸讨论解题思路。这个爸爸感慨道："AI 终于让我不崩溃了！"是的，有那么多的父母因为辅导孩子学习而崩溃到哭，这种场景让人无奈，而 AI 的出现终于解决了这个痛点。

 学习关卡

与孩子一起发现学习瓶颈

今天，如果你是家长，请和孩子一起使用 AI 工具，试着发现孩子的学习问题并制订解决方案。可以从以下三步入手：

· 分析学习问题：让 AI 分析孩子的学习数据，找出薄

弱环节。

·提出解决方案：让 AI 生成有针对性的练习任务或学习计划。

·总结经验：记录完成的成果，和孩子一起讨论学习感受。

分享与讨论

·AI 在哪些方面对发现学习瓶颈最有帮助？

·亲子互动是否变得轻松？

·孩子对学习是否更主动、更有信心？

 你已收获

在这一节里，家长学会了如何利用 AI 工具发现孩子的学习问题，并制订有效的解决方案。通过亲子合作，不仅可以提高学习效率，还能增进亲子关系。AI 不仅是孩子的学习伙伴，更是家长的指南针，帮助孩子健康成长、快乐学习。

 让 AI 成为亲子沟通的桥梁

很多家长都跟我抱怨过一个问题：和孩子沟通真的太难了。你问他今天在学校过得怎么样，他只回你一句"还行"；你问他作业写完了吗，他答"差不多"；你再多问一句，孩子直接躲进房间，关上门，生怕你再多说一个字。这些家长常常感叹，和孩子的距离越来越远了，尤其是孩子到了青春期，沟通成了一道越来越难跨越的鸿沟。

其实我一直在思考一个问题：为什么很多家长和孩子无法沟通？其实问题或许不在于时间、不在于态度，而在于"沟通的语言"。孩子需要的是能听懂、愿意听、能够接受的语言，而不是单纯的指责、催促或者高高在上的命令。那家长怎么才能找到这种"对话语言"呢？答案可能会让你意想不到——利用 AI。

我的一位朋友的孩子，特别叛逆，完全听不进去任何建议，她和孩子沟通时，孩子要么敷衍，要么反驳，后来她实在没办法，决定试试 AI。她让 AI 设计了一个和孩子沟通的方案，包括如何更有技巧地提问、如何用孩子感兴趣的话题打开聊天等，最重要的是，她还用 AI 模拟了孩子可能的回应，提前做了准备。结果呢？她发现自己和孩子之间的谈话逐渐从"鸡同鸭讲"变成了"和风细雨"。她跟我说了一句话，让我特别感动："原来不是孩子不愿意听，而是我不会说。"

◆ 为什么 AI 能成为亲子沟通的桥梁？

AI 的本质是工具，而这个工具最大的优势是能够快速分析、模拟和生成信息。对于亲子沟通，AI 可以在以下三个方面帮到家长：

·提供沟通技巧：AI 可以根据你描述的情况，提供一套沟通建议。比如分析如何引导孩子分享一天的经历、如何用正面的语言代替否定的指责，甚至可以设计具体的对话示例。

·生成有趣的话题：很多时候，家长不知道怎么开口和孩子聊天，不知道聊什么会让孩子感兴趣。AI 可以根据孩子的兴趣爱好，比如足球、游戏、音乐等，生成适合的话题清单，让家长的提问更自然。

·模拟情境和反应：AI 还能预测孩子可能的反应，比

如当家长提出某个要求时，孩子是会开心接受、质疑反问，还是直接拒绝？家长可以提前准备应对方案，减少沟通中的冲突。

◆ 如何用 AI 改进亲子沟通？

下面是一个简单的操作指南，帮助你用 AI 加深与孩子之间的联结：

·描述问题场景：将你和孩子的沟通问题告诉 AI，比如："我的孩子总是抗拒写作业，不愿意和我谈学校的事，怎么办？" AI 会根据你的描述提供具体的建议。

·生成沟通话题：告诉 AI 你想和孩子聊些什么，比如："帮我设计几个关于游戏的话题"，或者"如何通过聊天让孩子愿意分享他一天的生活"。

·模拟对话情境：输入问题给 AI，比如："当我说'今天作业写完了吗'，孩子可能会怎么回答？我应该怎么回应？" AI 会给你一套完整的对话建议。

◆ 案例分享

有一个妈妈因为孩子迷恋游戏而头疼不已。她用 AI 生成了一个关于"游戏中的学习"的对话方案，比如通过游戏提升团队协作能力、策略规划能力等。

她的开场白是："宝贝，我最近听说 × × 游戏挺考验人的策略规划能力的，你平时是怎么规划的？"这句话让孩子眼前一亮，终于愿意坐下来和妈妈聊一聊游戏背后的知识点。妈妈还趁机用 AI 推荐了几本关于游戏设计的书，孩子不仅没有反感，还主动提出一起阅读的计划。

学习关卡

用 AI 为亲子沟通搭桥

为了让家长和孩子更加了解彼此，我们布置一个任务：

· 规划亲子活动

利用 AI 给出的建议设计一个亲子活动，比如共同完成一个绘画项目或科学实验。

设置一个固定的亲子时光，比如每周一次的"兴趣分享日"。

· 记录与分析

使用 AI 捕捉孩子日常的情绪变化，记录最近经常提到的话题。

分析孩子的兴趣点，生成活动建议。

分享与讨论

·讨论 AI 在亲子互动中的作用，哪些功能对沟通最有帮助。

·通过 AI 分析，家长是否更了解孩子的兴趣与情绪？

AI 可以成为一座桥梁，让家长更好地理解孩子，让孩子感受到更多的关怀。通过 AI 的辅助，家庭时光可以变得更温暖，沟通可以更加有效。

前文，我分享了如何用 AI 分析数据，进而与孩子更好地沟通。因为当我们基于数据时，关注的是客观事实，而不是情绪和感受。这种方式能够大大减少家长与孩子之间因误解而产生的矛盾。毕竟，不少父母和孩子会因为一句气话而变得疏远。而现在，有了 AI，我们可以用更智慧、更温暖的方式去沟通。

◆ 改变从沟通开始

小红的爸爸是一个忙碌的公司经理，每天工作到深夜，几乎没有时间陪伴小红。他爱孩子，却总感觉和小红之间存在着一堵无形的墙。有一天，小红忍不住向爸爸抱怨："爸爸你总问我的成绩，但你从来不关心我到底在想什么。"这句话让他心头一震。

那天晚上，他独自在办公室反思自己和女儿为什么会有这样的代沟。为了改变，他决定试着使用 AI 来帮助自己更好地了解小红。他将自己和小红日常的一些对话输入 AI 工具，希望 AI 能帮忙分析女儿的兴趣和情绪。有一天，AI 给他提示：小红最近频繁提到画画，可能对艺术很感兴趣。于是，周末他放下工作，陪小红看了一场艺术展，并为她挑选了一套新画笔。这次简单的行动让小红惊讶地发现，爸爸真的开始懂自己了。从那以后，他们变得更加亲密。

某个研究团队通过 AI 分析儿童的对话，帮助家长发现孩子在情绪和心理上的问题。这种技术不仅能够应用在教

育领域，也能在家庭生活中发挥巨大的潜力。

◆ AI 如何提升沟通质量？

AI 并不仅仅是一个学习工具，它还能成为拉近亲子关系的纽带。AI 可以通过情绪分析、兴趣捕捉以及智能互动，帮助家长了解孩子的内心世界，提升沟通的质量。

AI 能够通过语音、文字等分析孩子的情绪状态，帮助家长及时了解孩子的情感变化，比方说，孩子经常提到"无聊"，AI 可能会提示家长注意孩子是否感到孤单；AI 可以通过关键词捕捉孩子的兴趣点，为家长提供相关的话题建议，比如，当孩子经常聊到"天空""色彩"，这可能是他对绘画感兴趣的表现；AI 还可以通过生成数据和分析报告，减少沟通中的主观判断和情绪化误解，让家长与孩子的对话更加平和。

◆ 如何用 AI 增强亲子互动？

以下是一些具体的操作方法，帮助家长通过 AI 与孩子建立更紧密的关系：

捕捉情绪变化

比如可以问 AI：

"我的孩子最近总是说'没意思'，请帮我分析他的情绪状态。"

"根据我提供的对话记录，告诉我孩子可能在担心什么。"

发现兴趣点

利用 AI 记录孩子最近聊到的主题，生成活动建议：

"帮我推荐几个与绘画相关的活动，我的孩子最近很喜欢画画。"

"推荐适合孩子参与的天文学趣味项目。"

创建亲子互动时光

一起完成一个小项目，比如 AI 推荐的科学实验或艺术创作。

利用 AI 生成问答游戏，增加趣味互动，比如："如果设计一个梦想之家，你会加入什么？"

设置每周固定的亲子时光，让 AI 辅助准备话题和活动。

◆ 案例分享

案例1

有一个父亲通过 AI 分析发现自己的孩子最近总是在家庭聚会上保持沉默，也不愿分享学校的事情。后来，通过 AI 记录的关键词，他注意到孩子经常提到"打"。这引起了他的警觉，经过深入了解，他发现孩子在学校遭遇了校园暴力，并及时为孩子寻求了帮助。这是山西太原一个真实案例，AI 不仅改善了亲子关系，还帮助父亲保护了孩子。

案例2

一个孩子经常在家中提到"足球"，但情绪总是低落。父亲通过 AI 了解到孩子因为落选校足球队而感到失落。之后，父亲开始陪孩子踢球，并鼓励他继续努力。最终，这个孩子成功地进入了校足球队。

 学习关卡

用 AI 提升沟通质量

家长可以和孩子一起完成以下任务，提升沟通质量：

· 确定沟通目标：你想和孩子聊什么？解决哪个问题？是想谈学习习惯、讨论兴趣爱好，还是单纯了解孩子的内心世界？

· 用 AI 设计沟通方案：输入场景，生成话题清单和应对策略。

· 实践并总结：和孩子进行一次沟通，记录孩子的反应和自己的感受，回头复盘，看看哪些策略有效，哪些地方可以改进。

 你已收获

　　在这一节里，你学会了如何用 AI 辅助亲子沟通。你会发现，沟通不是争吵，而是合作；沟通不是评判，而是理解。AI 不仅能提供更科学的沟通方法，还能通过模拟和预测减少家庭矛盾，真正让亲子关系更亲密。家长们，不要再用传统的"命令和控制"模式了，用 AI 帮助你打开一扇与孩子对话的窗，你会发现孩子的世界其实很有趣，很值得你倾听。

家庭 AI 任务：
与孩子一起完成一项 AI 学习挑战

周末，小明的妈妈提出了一个新主意："今天我们来完成一个家庭学习挑战，用 AI 完成一项特别的任务！"

"任务是什么？"孩子一脸好奇。

"用 AI 生成一份关于未来世界的海报，"妈妈笑着说，"我们可以想象未来的城市会是什么样子、家庭会是什么样子，还有 AI 机器人可能会做哪些工作。"

小明兴奋地跳了起来："太棒了！我要加上飞行机器人、会说话的机车，还有超厉害的外星生物！"

接下来的几个小时里，孩子和妈妈一边讨论，一边用 AI 生成未来城市的图片和说明文字。最终，他们完成了一张创意十足的海报。晚饭时，孩子骄傲地把打印好的海报拿给爸爸看，爸爸一下子被吸引住了："这太酷了！不过我觉得可以再加点《铁胆火车侠》的设计元素。"

"什么是《铁胆火车侠》？"孩子好奇地问。爸爸兴致勃勃地解释起来，三个人越聊越起劲，家里的气氛一下子

热烈了起来。

这就是 AI 时代亲子关系的新样子——电脑和手机不再是洪水猛兽，而是增进家庭交流、激发创意的工具。

◆ 家庭 AI 任务为什么重要？

家庭 AI 任务不仅能增强亲子互动，还能通过共同完成一个项目，让家长和孩子一起学习人工智能的应用，了解 AI 的底层逻辑，并激发创造力。以下是家庭 AI 任务的三

大好处：

加强合作

在共同完成任务的过程中，家长和孩子可以分工协作，分享彼此的想法，把家庭故事融入作品中，增进感情。

共同成长

孩子和家长在一起学习、探索 AI 技术，彼此理解得更深入。家长通过这种合作，往往能更了解孩子的兴趣和潜力。

激发创意

用 AI 工具完成任务时，孩子和家长可以体验创作的乐趣，通过不断讨论和尝试，激发更多天马行空的想象力。

◆ 如何设计和完成家庭 AI 任务？

以下是设计和完成家庭 AI 任务的具体步骤：

第一步：确定任务主题

选择一个能激发兴趣的主题，比如：

· 想象未来世界。

· 创作一幅数字画。

· 完成一个家庭科学实验。

· 探索某个历史事件并用创意方式展示。

可以直接告诉 AI，比如：

"帮我设计一个未来世界的城市概念图。"

"生成一些关于未来家庭生活的创意图片。"

"设计一项关于环保的家庭科学实验任务。"

第二步：用 AI 规划任务流程

根据任务主题，让 AI 生成具体的执行步骤，比如：

· 用 ChatGPT 生成文字说明和创意概念。

· 用 Midjourney 或 DALL · E 生成图片。

· 整合文字和图片，用 Canva 或其他设计工具完成海报设计。

第三步：分工与合作

家长和孩子可以根据自己的兴趣和技能分工合作：

· 孩子负责搜集创意、设计细节或操作 AI 工具。

· 家长负责技术支持、整合内容或提供指导。

第四步：展示成果并讨论

完成任务后，将成果打印出来，展示给家人或朋友。讨论项目中的创意点，并记录每个人的想法。

◆ **案例分享**

有一个家庭设计了一座"未来环保城市"：

孩子用 AI 生成了风力发电装置和自净化河流的图片。

妈妈负责搜集关于绿色建筑的创意理念。

爸爸负责整合素材，并用 Canva 制作了一张科技感十足的海报。

最终，他们将这张海报提交给学校的创意大赛组委会，获得了"最佳合作奖"。一家人因为这个任务变得更加亲密，孩子也因为这次任务对科技和设计产生了浓厚兴趣。

 **学习关卡**

与孩子一起完成一次 AI 挑战

和孩子一起完成一项有趣的 AI 学习挑战，培养合作意识和创造力。

任务步骤

· 选择主题

确定一个你们感兴趣的任务主题，比如未来世界、环保科技、家庭科学实验等。

· 用 AI 规划任务

使用 AI 生成任务步骤和创意概念。例如：

"帮我设计一个未来交通工具的概念，并生成图片。"

"根据以下关键词生成一张可视化数据图。"

· 分工与合作

家长和孩子分工合作，完成任务，并多次优化结果。

· 展示成果并讨论

将成果展示给家人或朋友，分享完成任务过程中的收获和挑战。

 你已收获

在这一节中，你学到了：

· 如何通过家庭 AI 任务，增进父母与孩子之间的感情。

· 通过家庭 AI 任务，实现了父母和孩子的共同成长。

· 在家庭学习挑战中，父母和孩子借助 AI 工具，彼此之间激发了巨大的想象力。

通过 AI 辅助完成家庭学习任务，家长和孩子不仅能够一起学习新知识，还可以通过创造性的合作增进亲子关系。AI 不再只是冷冰冰的技术，而是家庭中新的纽带。

在全球范围内，越来越多的家庭开始使用 AI 技术来提升生活质量和教育体验。以下是一些相关数据和案例：

美国家庭 AI 设备使用情况：根据皮尤研究中心（Pew Research Center）2021 年的调查，约 27% 的美国成年人在家中拥有智能音箱等 AI 设备。

英国家庭 AI 设备使用情况：英国通信管理局（Ofcom）2022 年的报告显示，约 22% 的英国家庭拥有智能音箱，显示出 AI 技术在家庭中的广泛应用。

中国家庭教育中的 AI 应用：2024 年 5 月，芥末堆报道了"明智家长"平台的创始人陈宁，介绍了生成式 AI 如何赋能家庭教育。该平台通过 AI 技术为家庭教育提供个性化解决方案，帮助家长更好地理解孩子，优化亲子关系。

　　AI 在智慧家庭中的应用：2023 年 3 月，知乎上讨论了人工智能技术在智慧家庭中的有趣应用。文章提到，AI 技术被广泛应用于家居设备智能控制、家庭环境感知、家人健康感知等方面，提高了人们的生活品质和趣味感。

　　AI Agent 在教育领域的应用：2024 年 9 月，澎湃新闻报道了国内外 10 个智能体案例，探讨了 AI Agent 在教育领域的应用。其中提到，Jagoda.Ai 是一款帮助学生解决家庭作业问题的工具，支持 20 多种语言，为学生提供分步解决方案。

　　这些数据和案例表明，AI 技术在全球家庭中的应用日益广泛，特别是在教育领域，AI 为家长和孩子提供了新的工具和方法，提升了教育的质量和效率。

成为未来
AI 达人

让 AI 学习更上一层楼

Chapter 8

小学萌芽：AI 启蒙之旅

　　小明是一位充满好奇心的小学生。一天，他在学校的科技课堂上接触到了 AI 技术。老师用一个简单的例子向大家展示了 AI 的强大——通过输入几个关键词，AI 可以生成一幅独特的图画。小明一下子被吸引住了。

　　放学后，他迫不及待地打开家里的电脑，试用了老师推荐的 AI 绘画工具。他输入了"太空中的花园"这个关键词，几秒钟后，屏幕上出现了一幅充满未来感的图画：悬浮的花朵、旋转的星球和发光的藤蔓交织在一起。

　　小明高兴地跑去找妈妈："这是我用 AI 画的！它太厉害了！"妈妈看到这幅画，不仅对小明的创意感到惊喜，也对 AI 技术产生了浓厚的兴趣。他们一起探索了更多有趣的 AI 功能，比如生成故事、设计贺卡。小明从此对科技充满了好奇心，也燃起了对未来的无限向往。

　　故事中小明使用的 AI 绘画工具，可能是 DALL·E 或类似的工具，如国内的文心一格或 AI 智绘，我先介绍一下下面三款 AI。

DALL·E

由 OpenAI 开发，用户只需输入描述性文字，如"太空中的花园"，就能生成一幅与描述相符的艺术作品。它以生成高度原创和想象力丰富的图画而闻名，非常适合初学者体验 AI 的创造力。

文心一格

由百度开发的中文 AI 绘画工具，功能类似于 DALL·E，支持中文输入，生成精美的图片，操作简单，特别适合中文环境下的用户使用。

AI 智绘

国内的一款智能绘画平台，面向更广泛的用户群，强调教育和创意的结合，适合孩子和家长共同体验。

拉回故事的主题，为什么从小学阶段学习 AI 很重要？因为小学阶段是培养兴趣和建立基础的关键时期。接触 AI，可以帮助孩子了解科技如何改变生活，激发学习动力。

用 AI 工具进行创作，可以激发孩子的创造性思维，构建基础知识，为未来更深入地掌握科技打基础。

◆ 小学阶段如何接触 AI？

以下是适合小学阶段的孩子的 AI 启蒙工具，我列了几个重要步骤和你们分享：

第一步：用 AI 探索兴趣

工具推荐：

DALL·E：可以用文字生成图片，激发孩子的想象力。

ChatGPT：可以讲故事或回答孩子的问题。

Quillionz：可以生成简单的趣味问答。

示例活动：

让孩子输入"未来的动物园"，用 AI 生成一幅图画，并讲述这幅画的故事。

第二步：通过 AI 学习学科知识

工具推荐：

Socratic：帮助孩子解决数学和科学问题。

Epic：推荐个性化阅读内容。

学习任务示例：

在科学课后，用 AI 查找"为什么彩虹有七种颜色"，并写一篇小报告。

第三步：用 AI 完成创意项目

通过简单的 AI 工具，让孩子完成一个属于自己的小项目。

艺术类：创作一幅数字画或设计一张贺卡。

科学类：通过 AI 模拟自然现象，比如火山喷发或天体运行。

语言类：用 AI 生成一首小诗或一篇短文。

未来，AI 会在小学生的世界里无处不在。南京市北京东路小学利用人工智能技术，打造了一面名为"北小星球"的墙面，展示了学生们心目中的未来校园。这面墙汇集了孩子们对未来知识殿堂的美好幻想，包括智能环境、绿色建筑和虚拟现实课堂等，展现了未来教育的无限可能。

在这一项目中，学生们使用了通义千问、文小言等 AI 工具，将自己的想法描述成文本，AI 随后生成相应的图画。尽管初次生成的图画可能不尽如人意，但学生们通过与 AI

反复"沟通"，最终得到了心中所想的图画。五年级的张梦琦描述了一个未来校园：高耸的教学楼楼顶铺设有太阳能板；智能机器人在校园中穿梭；还有一间虚拟现实教室，学生们可以通过佩戴特制眼镜体验太空旅行或与恐龙互动。

这一实践不仅展现了孩子们的丰富创造力，也展示了科技如何重新定义教育环境。通过 AI 技术，学生们得以将抽象的想象转化为具体的视觉作品，增强了他们对未来科技的理解和兴趣。

未来，AI 在小学教育中的应用，能够有效激发学生们的创造力和对科技的兴趣，为未来的学习和发展奠定坚实基础。

不知道这是否打开了你的思路。如果打开了，我来布置一个任务。

学习关卡

完成你的 AI 启慕小项目

任务目标

用 AI 完成一个创意小项目，感受科技的魅力。

任务模板

任务主题	AI 工具	完成形式	学习目标
未来学校设计	DALL · E	一幅数字画	激发对科技的想象力
太阳系知识报告	Socratic	一份图文结合的报告	更深入理解科学知识
创意故事编写	ChatGPT	一篇有趣的小故事	体验 AI 的语言组织能力

分享与讨论

完成任务后，孩子和家长可以讨论以下问题：

· 哪个 AI 工具最有趣？为什么？

· 在完成任务的过程中，你有哪些新发现？

· 通过这次任务，你对 AI 的应用有了哪些新的认识？

 **你已收获**

在这一节中，你学会了：

· 通过 AI 工具激发孩子对科技的兴趣和好奇心。

· 用 AI 完成学科相关的小项目，体验科技的实际应用。

· 为孩子打开通往科技世界的大门，让他们从小了解 AI 的魅力！

　　在学校教育中引入 AI 已成为全球教育发展的重要趋势。我总结一下：

　　家长对 AI 教育的重视：据调查，约有 88% 的家长认为 AI 对孩子的未来教育和职业至关重要。然而，许多家长担心当前的课程中缺乏 AI 教育内容。

　　AI 在课堂中的应用：英国政府宣布了一项投资额达400 万英镑的计划，开发 AI 工具以协助教师批改作业，旨在减轻教师的工作负担，使其有更多时间与学生互动。

　　AI 教育的全球趋势：西班牙开发了名为 Ignite Copilot 的 AI 平台，旨在为教师提供"超级助力"，帮助他们减少行政任务，从而专注于教学和与学生的互动。

　　AI 与游戏化学习的结合：研究表明，将 AI 与游戏化学习相结合，可以显著提高学生的学习效果。通过个性化的学习体验，AI 能够根据每个学生的需求调整教学内容，增强学习动机。

　　这些数据和报道表明，AI 在学校教育中的应用不仅能够提升教学效率，还能激发学生的学习兴趣，为他们的未来发展奠定坚实基础。

初中进阶：AI 应用能力大提升

　　小红是一个初二的学生，她所在的学校组织了一次关于 AI 的课堂实践活动。老师用 AI 生成了一个"全球温室效应模拟"项目，让学生们通过调整二氧化碳排放量，观察气候变化对全球不同地区的影响。

　　小红在完成任务的过程中，被 AI 的强大功能深深吸引。回家后，她决定用 AI 帮助自己提升学习效率。她尝试用 AI 生成物理实验报告提纲、设计详细的学习计划，还用 AI 做了几次英语口语练习。经过一个月的努力，小红不仅提高了各科成绩，还在学校的科学竞赛中脱颖而出。

　　那么，为什么初中阶段需要提升 AI 应用能力？原因是，初中阶段是学生从基础学习向自主学习过渡的重要时期。学会运用 AI，可以帮助学生提升学科能力，培养科学思维，为未来更复杂的学习任务做好准备。此外，AI 可以根据学生的薄弱点提供针对性练习，帮助学生提升学习效率，减少重复劳动，优化学习计划。初步了解 AI 的逻辑和应用，还能帮助学生培养科技素养，为未来的职业发展奠

定基础。

◆ 如何在初中阶段应用 AI？

以下是初中生常见学科中 AI 的实际应用方法：

利用 AI 解决学科难点

工具推荐：

Photomath：解答数学题并提供详细解题步骤。

Grammarly：检查英语写作中的语法错误。

Socratic：提供科学、数学、历史等学科的知识点解析。

示例活动：

·数学：用 Photomath 解答一道几何题，学习详细的解题步骤。

·英语：用 Grammarly 优化一篇英语作文，学习语法知识点。

用 AI 提高学习效率

工具推荐：

Notion：帮助生成学习笔记和复习提纲。

Quizlet：制作知识卡片，进行记忆训练。

示例活动：

·历史：用 Notion 总结本周学习的历史事件，并生成思维导图。

·化学：用 Quizlet 制作化学元素周期表的记忆卡片。

通过 AI 参与实践项目

初中阶段可以尝试更多与 AI 结合的实践活动。

·科学类：用 AI 模拟实验结果，例如观察化学反应的变化趋势。

·艺术类：用 AI 生成数字绘画或短视频，为学校活动创作内容。

·社会类：用 AI 分析社会调查数据，学习统计方法和数据可视化。

2023 年，美国加利福尼亚州的一名 14 岁初中生艾米丽·史密斯（Emily Smith），在学校的科技项目中开发了一款名为 "See For Me" 的 AI 应用程序，旨在帮助视障人士识别周围的物体。

艾米丽了解到，许多视障人士在日常生活中面临识别物体的挑战。她决定利用 AI 技术，开发一款能够实时识别物体并通过语音反馈的应用程序。在项目开发过程中，艾

米丽学习了 Python 编程、机器学习算法，以及如何训练和优化模型。

经过数月的努力，艾米丽成功开发了"See For Me"应用程序。用户只需将手机摄像头对准物体，应用程序即可识别物体并通过语音告知用户。该应用程序在当地科技展览中获得了高度评价，并引起了媒体的关注。

艾米丽的故事展示了初中生在 AI 领域的潜力，以及 AI 技术在改善社会福祉方面的应用前景。

所以，在全球都在拥抱 AI 的时代下，我们不能落后。

◆ 成为科技特长生需要的能力

成为科技特长生需要具备以下核心条件和能力，并参与相应的活动或比赛来展现自己的特长：

学习和掌握相关技能

要成为科技特长生，需要在某些科技领域展现出优势，比如编程、机器人技术、人工智能、科学创新等。以下是重点领域：

·编程：学习基础编程语言（如 Python、C++、Java），熟悉算法设计。

·机器人技术：学习搭建和编程控制机器人，参与机器人竞赛。

·人工智能：学习基础 AI 概念，尝试使用 AI 工具开发简单的应用或模型。

·科学创新：结合学科知识（如物理、化学、生物），设计有创意的科技解决方案。

行动建议：

·参加相关课程或培训（如线上编程课程、科技夏令营）。

·积极阅读科技相关资料，提升理论知识。

参与科技竞赛

科技特长生的身份通常需要通过参赛获奖来认证。以下是常见的科技竞赛：

·全国青少年科技创新大赛（CASTIC）：包括科技发明、研究论文、工程设计等项目。

·全国青少年信息学奥林匹克竞赛（NOI）：针对编程和算法设计。

·VEX 机器人大赛：机器人搭建与控制技术。

·全国中小学生电脑制作活动：涵盖数字创意、编程作

品等。

·国际科学与工程大奖赛（ISEF）：面向科学和工程领域的全球顶级赛事。

行动建议：

·根据自己的兴趣选择相关比赛，提前了解比赛规则和要求。

·提交高质量的作品，如研究报告、发明模型、程序代码等。

·参加学校或社会组织的科技社团，接受专业指导。

完成高质量的科技项目

除了比赛，完成一个有实际意义的科技项目也能展示特长。

·环境保护类：开发垃圾分类的智能识别系统。

·教育技术类：开发帮助同学学习的 AI 工具。

·智能家居类：设计基于物联网的家居控制系统。

行动建议：

·确定一个你感兴趣的问题，设计一个问题解决方案。

·利用学到的技能，比如编程、AI 或物理工程知识，把想法变为现实。

·准备清晰的项目展示，包括报告、模型和演示视频。

积极参与学校和社会活动

许多学校和社区会组织与科技相关的活动和社团，比如：

学校的编程社团、科学实验室、创新工作坊。社区的青少年科技夏令营、创客活动。

行动建议：

·积极参加学校科技节或公开课，展示自己的作品。

·主动寻找导师或参加工作坊，获得技术支持和反馈。

符合学校或教育部门的认定要求

科技特长生的认定一般有以下几种方式：

·比赛成绩：获得国家级、省级或市级科技竞赛的奖项。

·学校推荐：通过学校特长生选拔考试，展示自己的技能和成果。

·面试或展示：准备一个科技作品，在面试或特长生加试中进行展示和答辩。

行动建议：

·提前了解目标学校的科技特长生招生政策。

·准备一份详细的作品集，包括比赛证书、项目报告、

作品展示等。

提升综合能力

科技特长生需要的不仅是技术能力，还包括以下软技能：

·创新能力：提出新颖的想法并实施。

·逻辑思维能力：在复杂的问题中厘清思路，找到突破口。

·团队合作能力：与同学或团队成员协作完成任务。

·表达能力：清晰展示和阐释自己的科技成果。

行动建议：

·多参加讨论和演讲，提升表达能力。

·与同学一起参与科技活动，锻炼团队合作技能。

寻求专业指导和资源

许多科技特长生是通过专业指导或资源支持获得成功的。例如：

·找学校的专业科技老师作为导师。

·加入科技教育机构或社团，如编程班、机器人俱乐部等。

·使用 AI 工具和平台，如 ChatGPT、Scratch、Tinkercad，完成自己的创意项目。

用 AI 完成一次学科挑战

任务目标

选择一个学科难点，用 AI 完成一次挑战，并总结学习成果。

任务模板

学科	使用的 AI 工具	任务内容	成果总结
数学	Photomath	学习几何题解题方法	掌握了解答几何题的核心技巧
英语	Grammarly	优化英语作文	语法错误显著减少
科学	Socratic+Notion	完成水循环实验报告	获得了科学发展奖项

分享与讨论

完成任务后，各位可以讨论以下问题：

· 在完成任务的过程中，AI 对解决学科难点提供了哪些帮助？

· 通过这次学习，你对 AI 的理解有哪些新的发现？

· 下次想尝试用 AI 解决哪些方面的问题？

在这一节中，你学会了：

· 如何利用 AI 解决学科难点，提升学习效率。

· 将 AI 与实践项目结合，体验知识的实际应用。

· 培养自主学习能力，为未来的深度学习做好准备！

成为科技特长生需要完成以下核心步骤：

· 学习相关技能，提升科技能力。

· 积极参加比赛并取得优异成绩。

· 完成有意义的科技项目。

· 积极参与学校和社会活动。

· 提高综合素质，包括创新、合作和表达能力。

关键提示：

· 提前了解目标学校的特长生认定要求和政策。

· 主动展示自己的作品和成果，让特长生的优势脱颖而出。

在初中教育阶段，AI 的引入已成为教育发展的重要趋势。我总结了最近的重点：

中小学生与 AI 教育

政策支持：教育部基础教育司副司长马嘉宾在 2024 年 3 月 1 日的新闻发布会上介绍，我国加强国家中小学智慧教育平台建设应用，目前平台有十大类资源，共 53 个栏目，资源总量达 8.8 万条，促进了优质教育资源在全国范围内共享。

AI 教育的普及：北京市教委等四部门 2024 年 10 月发布《北京市教育领域人工智能应用工作方案》，明确到 2025 年，本市大中小学普遍开展人工智能（AI）场景应用，人工智能赋能学生学习与发展、教师教学方式变革、学生身心健康、家校社协同育人、教育治理模式创新五类典型示范应用项目场景基本建成并逐步开放使用。

近年来，国家和各地教育部门对科技特长生的培养和

升学政策进行了调整，旨在鼓励学生在科技领域的发展，同时确保教育公平。

科技特长生的加分政策

中考加分政策：根据报道，科技特长生将有机会在中考和高考中获得加分。

然而，具体的加分政策因地区而异。例如，南京市规定，科技特长生在加试合格后仍需参加中考，中考分数达到规定控制线以上（科技、学科特长生达到中考总分的80%）将直接被相关学校录取，不再参加中考志愿填报。

招生简章：全国多所高中发布了科技特长生招生简章，计划增招科技特长生。

这表明，科技特长生在升学过程中享有一定的政策优惠。

数据支持

政策覆盖范围：全国有17个省（自治区、直辖市）的有关地区制定了中考科技特长生政策；其中10个省会城市（含直辖市）明确制定了科技特长生加分政策。

中考阶段的科技特长生政策

加分政策的调整：部分地区对科技特长生的中考加分

政策进行了规范和调整。

招生方式的变化：一些地区取消了科技特长生的加分政策，转而采用专项招生或特色班级的方式。例如，北京市部分优质高中开设"科技创新实验班"，专门招收具有科技特长的学生。

高考阶段的科技特长生政策

自主招生的调整：自 2020 年起，教育部取消了高校自主招生，取而代之的是"强基计划"。该计划主要面向基础学科领域的拔尖学生，科技特长生在相关学科领域表现突出，方可申请。

保送生政策的规范：在全国中学生学科奥林匹克竞赛中获得优异成绩的学生，仍可获得保送资格。但教育部对保送生资格进行了严格规范，确保选拔过程的公平公正。

地方政策的差异

北京市：部分优质高中通过"科技创新实验班"招收科技特长生，进行特色培养，但不再给予中考加分。

上海市：科技特长生可通过"名额分配"计划进入重点学校，但须参加统一的测试和面试。

广东省：鼓励初中生参与科技创新竞赛，获奖学生在高中录取中有加分或优先录取的机会，但具体政策由各地市自行制定。

总体而言，国家和各地对科技特长生的培养和升学政策趋于规范化，强调公平性和科学性。虽然部分地区仍保留了加分或优先录取的政策，但总体趋势是通过专项招生、特色班级等方式，鼓励学生在科技领域的发展。学生和家长应密切关注当地教育部门的最新政策，合理规划学业和升学路径。

高中跨越：AI 视野与社会责任

高二学生小明从小对科技充满热情。他常常关注社会新闻，尤其是垃圾分类和环境保护的话题。一天，他在新闻中看到某个城市因垃圾分类不规范而导致处理成本增加，他想："能不能用 AI 来解决这个问题呢？"

于是，小明开始研究垃圾分类的现状和挑战。他发现，很多人对垃圾分类知识不清楚，甚至不知道如何正确投放垃圾。他灵机一动，决定开发一款能够通过拍照自动识别垃圾类别的手机应用程序。

小明利用课余时间学习了 Python 编程和机器学习的基础知识。他用开源数据集训练了一个图像识别模型，能够区分可回收物、有害垃圾和厨余垃圾等分类。他还设计了一个简单的用户界面，用户只需拍一张照片，应用就会显示垃圾的类别，并提供处理建议。

项目完成后，小明将这款应用推荐给了社区的环保组织。环保组织对他的创意大加赞赏，并邀请他在社区推广这款应用。几个月后，社区的垃圾分类准确率显著提高，小明的应用还被推荐参加了市级科技创新比赛，最终获得了一等奖。

　　小明的故事展示了高中生如何利用 AI 技术解决实际问题，并通过努力为社会作出贡献。他也因为这次经历，立志未来成为一名环境科技专家。

◆ 为什么高中生需要关注 AI 视野与社会责任？

　　高中阶段是学生视野快速拓展、思维深度显著提升的时期。此阶段学习 AI，可以培养高中生的逻辑思维能力和解决问题的能力，更重要的是可以培养学生的社会责任感和科技伦理意识，提升综合素养。尽早掌握 AI 技能，也能为未来进入科技行业做好准备。

◆ 高中生如何用 AI 拓宽视野并承担社会责任？

应用科技手段参与社会问题的解决

工具推荐：

TensorFlow Lite：开发轻量级 AI 模型，适合手机和嵌入式设备。

OpenAI API：用于自然语言处理项目。

示例活动：

·开发一款解决环境问题的 AI 应用，比如监测空气质量或减少能源浪费。

·用 AI 分析社会数据，为社会问题（如交通拥堵）提供解决方案。

学习 AI 伦理和 AI 的社会影响

AI 的广泛应用带来了许多伦理和社会问题，比如数据隐私、算法偏见等。高中生需要通过案例学习和讨论，了解这些问题并做出自己的判断。

以下是可供讨论的案例以及推荐阅读的文件或观看的视频资源。

案例讨论：

·数据隐私：AI 如何保护用户数据？

·算法公平性：如何避免 AI 算法对某些群体的偏见？

推荐资源：

·《2024 中国人工智能伦理风险白皮书》

·TED 演讲：《AI 的未来：机遇与挑战》

用 AI 规划未来职业发展

工具推荐：

LinkedIn Learning：提供 AI 相关职业技能课程。

Kaggle：提供 AI 竞赛和实践项目。

职业探索活动：

·参与 AI 相关的在线项目和竞赛，比如开发智能助手或优化物流系统。

·在学校组织职业体验活动，邀请 AI 领域的专家分享经验。

用 AI 完成一个社会责任项目

任务目标

结合 AI 技术，设计一个可以解决社会问题或服务社区的项目。

任务模板

项目主题	使用的 AI 工具	目标	成果
垃圾分类助手	TensorFlow Lite	提高垃圾分类准确率	开发一款手机应用
健康监测平台	OpenAI API	监测老年人健康风险	提供健康提醒功能
招聘公平性分析	Kaggle + Python	研究招聘算法中的性别偏见	完成一篇研究论文

分享与讨论

完成任务后，学生可以分享他们的项目和思考：

· AI 技术在哪些方面为项目提供了帮助？

· 在解决社会问题时，你遇到了哪些挑战？如何克服？

· 通过项目，你对 AI 的社会影响有哪些新的认识？

近年来，AI 在全球范围内迅速发展，各国教育部门纷纷将其纳入高中教育体系，旨在培养学生的科技素养和创新能力。以下是关于高中生与 AI 相关的政策和数据：

教育政策

中国：2018 年，教育部发布《教育信息化 2.0 行动计划》，强调推动人工智能在教育领域的应用，培养学生的信息素养和创新能力。

美国：多州将计算机科学和 AI 课程纳入高中必修或选修课程，鼓励学生参与相关学习。2019 年，美国计算社区联盟（CCC）和人工智能促进协会（AAAI）发布了《未来 20 年美国人工智能研究路线图》，建议在各学习阶段制定人工智能课程，并授予高级学位，以培养多元化的人工智能人才队伍。

加拿大：政府积极推动 AI 教育，将其视为国家科技发展的重要组成部分。各省教育部门在高中阶段引入 AI

相关课程，涵盖编程、机器学习和数据科学等内容。

欧盟：推出《数字教育行动计划（2021 — 2027）》，鼓励成员国在中小学阶段引入 AI 和编程教育。

日本：2021 年 6 月发布了《AI 战略 2021》，将"人工智能与教育改革"放在战略首位，强调在高中阶段普及 AI 基础知识教学，培养能够将 AI 知识应用于其他领域的复合型人才。日本的高中生积极参与 AI 相关的实践活动，如机器人竞赛、编程比赛和科技创新项目等。这些活动不仅提升了学生的实践能力，也激发了他们对 AI 的兴趣和热情。

总体而言，各国纷纷通过政策引导、课程设置和实践活动，积极推动高中生的 AI 教育，培养具备科技素养和创新能力的未来人才。

数据统计

课程设置：截至 2023 年，全球超过 50% 的高中已开设与 AI 相关的课程或活动。

学生参与度：在开设 AI 课程的学校中，约 70% 的学生选择参与，显示出对 AI 学习的浓厚兴趣。

竞赛活动：全国范围内每年有数百万名高中生参加各类 AI 竞赛，如机器人比赛、编程大赛等，展示其在 AI 领域的实践能力。

实践案例

项目开发：许多高中生利用 AI 技术开发应用，如智能家居控制、健康监测等，体现了 AI 在日常生活中的应用潜力。

社会贡献：部分学生通过 AI 项目解决社会问题，如环境监测、交通优化等，展现了 AI 在社会服务中的价值。

未来展望

随着 AI 技术的不断发展，高中教育将更加注重培养学生的 AI 素养，鼓励他们在学习中探索 AI 的应用，提升创新能力，为未来的科技发展奠定基础。

综上所述，全球高中教育正积极融入 AI 元素，通过政策引导、课程设置和实践活动，培养学生的 AI 学习和应用能力，助力其未来发展。

"未来小专家"任务：规划自己的 AI 学习路径

高三学生小明对人工智能充满兴趣，但他发现自己的学习时间有限，且 AI 领域涉及的知识面很广。他感到困惑："我要从哪里开始呢？"

一天，他的老师建议他制订一个长期的学习计划，将目标分为短期、中期和长期，并利用 AI 工具辅助学习。小明认真思考后，制定了一个清晰的学习路径：

短期目标：掌握 Python 编程基础，学习如何使用开源 AI 工具。

中期目标：完成一个小型 AI 项目，例如用图像识别技术开发垃圾分类助手应用。

长期目标：申请大学的人工智能专业，深入研究 AI 的社会应用。

通过一步步完成这些目标，小明不仅提升了技术能力，还对自己的未来发展方向有了更清晰的认识。他说："AI 让我看到了无尽的可能性，而清晰的计划让我更接近

目标。"

◆ 为什么需要规划 AI 学习路径？

AI 技术广泛而复杂，只有明确的学习目标和规划才能让学习更加高效有序。AI 不仅可以帮助学生明确方向，避免盲目学习，专注于自己感兴趣的领域，还可以帮助学生合理安排时间和精力，分配学习任务，避免学习压力过大，让学生在不断完成一个个小目标的过程中，逐步积累学习成就感和信心。

◆ AI 学习路径的三大步骤

第一步：设定目标

短期目标（1~3 个月）：学习基础知识，了解 AI 的核心概念。

学习编程语言，如 Python。

了解机器学习和神经网络的基本原理。

参加 AI 入门课程或线上学习活动。

中期目标（6~12 个月）：运用所学知识完成一个小型项目。

开发一个简单的 AI 应用，如图片分类、语音识别。

参加 AI 相关比赛或活动，积累实战经验。

长期目标（1 年以上）：探索 AI 的深层次应用或科研方向。

进行深度学习和掌握高级算法。

研究 AI 伦理与 AI 的社会影响。

申请 AI 相关专业或寻找实习机会。

第二步：选择学习资源

不同的学习阶段需要选择适合的学习工具和资源。以下是一些推荐资源：

基础阶段：

课程推荐：

"Machine Learning"

工具推荐：

Kaggle：AI 入门课程和比赛平台。

Google Colab：在线 Python 编程环境。

TensorFlow Playground：体验机器学习模型的简单工具。

进阶阶段：

项目资源：

GitHub：开源 AI 项目学习和实践平台。

Fast.ai：提供深度学习课程和实用教程。

科研阶段：

研究支持：

arXiv：查阅 AI 领域的最新论文和研究成果。

各大高校实验室的在线公开课程。

第三步：实践与反馈

完成项目：

· 开发一个实用工具，如学习助手或健康监测应用。

· 与同学或团队合作，完成跨学科 AI 项目。

获取反馈：

· 邀请老师或专家点评自己的项目。

· 定期总结学习过程中的问题和经验，优化学习路径。

规划你的 AI 学习路径

任务目标

制订一个针对 AI 学习的个人发展计划，并按计划逐步完成目标。

任务模板

目标阶段	学习内容	使用资源	完成情况
短期目标	学习 Python 基础编程	Coursera 课程+Kaggle 练习	掌握基础编程语法
中期目标	开发 AI 图片分类项目	Google Colab+GitHub	进行项目开发
长期目标	深入学习 AI 高级算法	arXiv 研究论文+高校课程	研究深度学习模型

讨论与分享

完成任务后，与老师或同学分享你的学习路径：

·你的 AI 学习计划有哪些亮点？

·在执行计划时，你遇到了哪些挑战？如何克服？

·通过规划学习路径，你对未来的发展有哪些新认识？

 你已收获

在这一节中，你学会了：

· 如何规划自己的 AI 学习路径，明确短期、中期和长期目标。

· 选择适合的学习资源，提高学习效率。

· 通过项目实践积累经验，为未来的职业发展奠定基础。

Chapter 9

特别篇：让 DeepSeek 成为你的学习助手

 DeepSeek 是什么

　　DeepSeek 就像一个智慧的人，能够帮助你解决作业中的难题、润色作文、编写代码和整理课堂笔记。它有一个"超级大脑"，能一步步思考问题、分析问题、解决问题。

　　它的特别之处在于：

　　·**分步骤思考**：我们玩解谜游戏时需要分步骤思考，最终找到答案，它同样能一步步帮你找到正确答案。

　　·**专家小团队加持**：当你遇到不同学科的问题时，它会像拥有多个小专家一样，帮你找到最佳答案。

　　·**优秀的中文表达**：无论是润色作文还是翻译文章，DeepSeek 都能让你的文字变得生动流畅。

◆ DeepSeek 与其他 AI 工具的不同

对比维度	DeepSeek	其他 AI 工具
思考方式	分步骤推理，逐步分析问题	可能直接给出答案，不解释过程
中文能力	特别擅长润色中文作文和翻译，表达更生动	中文能力也不错，但有时不够细腻
解决问题的能力	像拥有多个小专家一样，针对不同任务分别处理问题	使用统一方法应对所有问题

◆ 作文与创意写作 —— 让 DeepSeek 成为你的写作小伙伴

在写作文或讲故事的时候，DeepSeek 可以激发你的创意，帮你构思情节、润色文字，让你的作文更加生动有趣。无论是写关于"假期冒险"的作文，还是写"我最喜欢的小动物"的作文，DeepSeek 都能给你提供灵感和建议。

功能亮点

·**作文助手**：在写作文没有思路时，可以向 DeepSeek 寻求帮助，输入作文主题，它就能生成一篇作文草稿，你按照自己的写作风格，将其重新梳理成自己的文字，完成作文写作。

·**文章润色**：修改和美化句子，让你的作文更流畅、更具感染力。

·**内容提炼**：如果你有很多笔记，DeepSeek 可以帮你提炼出其中的重点，方便复习。

应用场景

·**课堂作文**：当你写作文时，DeepSeek 能激发你的创意；写完作文后，DeepSeek 可以帮你看看哪些地方可以变得更好！

·**故事创作**：编写有趣的小故事时，DeepSeek 可以给你提供情节参考。

示例指令与效果

指令："帮我写一篇作文样文，主题是'假期里的神秘冒险'，语言活泼，300 字左右。"

DeepSeek 生成示例：

森林奇遇记

暑假的第一天，我和小明、小红约好去森林探险。清晨，我们背着装满零食和水壶的小书包，踏着露水出发了。

走进森林，阳光透过树叶在地上洒下斑驳的光影。高大的树木像巨人一样守护着这片土地，树冠在头顶交织成绿色的穹顶。我们踩着松软的落叶，听着此起彼伏的鸟鸣声，仿佛走进了一个神秘的童话世界。

突然，小红指着前方惊呼："你们看！"我们顺着她手指的方向望去，在茂密的灌木丛后，隐约可见一片波光粼粼的水面。我们小心翼翼地拨开树枝，一个碧绿的小湖出现在眼前。湖水清澈见底，阳光照在水面上，折射出细碎的光芒，像撒了一把钻石。

我们蹲在湖边，发现水里有许多小鱼在游动。小明掏出随身携带的面包，掰成小块扔进水里，鱼儿们立刻围了过来，争先恐后地抢食。小红拿出画本，认真地画下这美丽的景色。

正当我们玩得开心时，天空突然暗了下来。远处传来隆隆的雷声，豆大的雨点开始落下。我们赶紧收拾东西，沿着来时的路往回跑。雨越下越大，树叶被雨水打得哗哗作响，但我们一点也不害怕，反而觉得这场突如其来的大雨让我们的探险更加刺激有趣。

回到家时，我们浑身都湿透了，但脸上都洋溢着兴奋的笑容。这次森林探险不仅让我们发现了美丽的湖泊，更让我们体会到了大自然的奇妙与美好。

温馨提示：

AI 生成的文章仅供参考，不能完全照搬。在使用时一

定要融入自己的写作风格，切不可因依赖 AI 而荒废了自己的写作能力。

◆ 翻译与语言处理 —— 让 DeepSeek 帮你跨越语言的障碍

DeepSeek 不仅能帮你写作文，还能协助你进行翻译和改写。当你遇到英文小故事或资料时，你可以利用 DeepSeek 将其翻译成中文；它还能根据需要把中文文章调整为不同风格的版本，帮助你更好地理解和表达。

功能亮点

·**多语言翻译**：轻松翻译英文、日文等外语短文。

·**风格转换**：根据需要调整文章风格，比如从活泼到正式，让你的表达更贴切。

·**语法检查**：自动检查翻译或改写中的语法错误，确保文字准确无误。

应用场景

·**阅读外文故事**：当你想阅读英文小故事时，DeepSeek 可以将它们翻译成中文。

·语言学习：练习外语文章的翻译和改写，提升你的语言表达能力。

·写作润色：如果你写英文信件给外教，DeepSeek 能帮你使语句更地道。

示例指令与效果

指令："请帮我翻译并润色这句话：'This adventure teaches us the value of teamwork and courage.'。"

DeepSeek 翻译示例：

这次冒险教会了我们团队合作与勇气的重要性。

◆ 编程与代码生成 —— 让 DeepSeek 带你开启编程之旅

如果你对编程感兴趣，DeepSeek 就是你的编程小助手！它不仅可以帮助你生成简单的代码，还能解释代码逻辑，帮助你理解编程的基本概念。

功能亮点

·代码生成：根据你的要求生成简单的代码，比如计算器程序或小游戏的基础代码。

·**代码优化**：检查代码中的小错误，并给出修改建议。

·**算法演示**：用简单的语言解释代码中每一步的含义，帮助你掌握编程思路。

应用场景

·**编程练习**：初学编程时，可以让 DeepSeek 帮你写出基础代码，让你更快上手。

·**调试代码**：当代码出现错误时，DeepSeek 能帮你找出问题所在。

·**学习示例**：让 DeepSeek 生成示例代码，帮你理解编程的基本结构和逻辑。

示例指令与效果

指令："用 Python 写一个简单的计算器程序，支持加、减运算。"

DeepSeek 生成代码示例：

```
1   def add(x, y):
2       return x + y
3
4   def subtract(x, y):
5       return x - y
6
7   def calculator():
8       print("选择操作:")
9       print("1.加法")
10      print("2.减法")
```

```
11
12      choice = input("请输入选择(1/2): ")
13
14      if choice in ['1', '2']:
15          num1 = float(input("请输入第一个数字: "))
16          num2 = float(input("请输入第二个数字: "))
17
18          if choice == '1':
19              print(f"{num1} + {num2} = {add(num1, num2)}")
20          elif choice == '2':
21              print(f"{num1} - {num2} = {subtract(num1, num2)}")
22          else:
23              print("无效的选择")
24
25  if __name__ == "__main__":
26      calculator()
```

◆ 数据整理与分析 —— 让 DeepSeek 帮你整理学习资料

在日常学习中，你会接触到很多信息，比如课堂笔记、科学实验数据和阅读材料。DeepSeek 可以帮助你从纷繁的数据中提炼出重点，让复习变得更轻松。

功能亮点

·课堂笔记整理：把老师讲的重点内容整理成清晰的笔记，帮助你复习。

·数据分析：对实验数据进行简单分析，并生成图表或其他形式的总结，让数据更直观。

·信息提炼：从长篇文字中筛选出关键内容，帮你快速

掌握知识重点。

应用场景

·**课后复习**：上完课后，让 DeepSeek 整理出知识要点，形成一份复习资料。

·**实验报告**：在做完科学实验后，用 DeepSeek 整理数据、生成图表，写出清楚的实验报告。

·**提炼信息**：阅读课外资料时，DeepSeek 能帮助你提炼出对考试或作业有用的信息。

示例指令与效果

指令："帮我总结今天地理课的重点内容。今天的地理课讲解了世界气候分类：温带气候、热带气候和寒带气候，以及它们各自的特点和代表动植物。"

DeepSeek 整理示例：

地理课重点总结：

·温带气候：四季分明，常见植物和动物有松树、鹿等。

·热带气候：全年炎热多雨，代表植物和动物有椰子树、鹦鹉等。

·寒带气候：气温低，动植物较少，有北极熊等。

学习关卡

关卡 1：作文参考

用 DeepSeek 生成一篇关于"我的梦幻学校"的作文作为参考，但最终的作文需要融入你自己的创意和写作风格，并在班上分享你的作品。

关卡 2：润色作文

把你写好的作文输入 DeepSeek，让它帮你润色，看看改进前后的区别。

关卡 3：翻译句子

把"Once upon a time, in a magical forest, a brave little rabbit set out on an adventure."这个英文句子输入 DeepSeek，让它翻译成自然流畅的中文。

关卡 4：数据分析

用 DeepSeek 分析简单的实验数据，比如观察植物生长情况得到的数据，并画出小图表。

在这一节中，你学会了：

· 如何用 DeepSeek 进行文章润色和内容提炼；

· 如何用 DeepSeek 进行语法检查和风格转换；

· 如何用 DeepSeek 生成和调试代码；

· 如何用 DeepSeek 整理课堂笔记和复习资料；

· 如何在不同学习场景下与 DeepSeek 互动，提升解决问题的效率。

DeepSeek：解锁学习新技能

　　我们已经掌握了 DeepSeek 的基本功能，并用它写作文、翻译句子、整理复习资料等。现在，我们要进一步学习如何让 DeepSeek 更"听话"，生成更精彩、更符合你要求的答案。只要掌握了这些"高级玩法"，DeepSeek 就能成为你学习中的超级小助手！

◆ 如何让 DeepSeek 更"听话"？

有时候你会发现 DeepSeek 给出的答案和你的期望有点出入，这通常是因为指令不够明确。下面介绍四个小技巧，让你提出的问题更加具体、清晰，帮助 DeepSeek 给出更理想的答案。

1. 问题具体化

· 错误示例：

"帮我写一篇作文。"

· 改进示例：

"帮我写一篇关于'AI 如何帮助我提高学习效率'的作文草稿，要求生动有趣，能吸引同学注意。"

· 提升效果：

明确了主题和风格，DeepSeek 就会知道你具体想要什么类型的作文。

2. 拆分任务

· 错误示例：

"写一篇关于 AI 帮助学生学习的作文。"

· 改进示例：

a."先描述一个同学因学习困难而烦恼的情景。"

b."接着说明 AI 如何帮助他找到学习方法。"

c."最后生成一个有趣的标题和总结段落。"

· 提升效果：

把复杂任务分成几个简单步骤，DeepSeek 能一步步生成有层次的内容，这些内容你写作时可以作为参考，但不能完全替代你的写作。

3. 设定角色

· 错误示例：

"帮我写一个励志故事。"

· 改进示例：

"我是一位语文老师，帮我写一个关于学生利用 AI 改进学习方法、提高学习成绩的励志故事，语气要温暖亲切。"

· 提升效果：

角色设定能让 DeepSeek 根据指定的身份调整语言风格

和内容，生成更符合要求的答案。

4. 提供示例

· 错误示例：

"帮我写一个普通的学习故事。"

· 改进示例：

"模仿下面这个示例，写一个学生通过 AI 制订学习计划，最终提高成绩的故事。

示例：小明同学原来数学成绩不太理想，但在使用 AI 辅助整理错题并制订复习计划后，成绩大幅提升。他说：'AI 让我重拾了信心！'"

· 提升效果：

提供示例可以让 DeepSeek 模仿类似的结构和语气，生成的内容更符合你的要求。

◆ DeepSeek 在不同领域的高级应用

除了基础功能外，DeepSeek 还可以在更多领域帮助你完成任务。下面我们将介绍三大高级应用场景，并提供适合中小学生的示例。

代码开发 —— DeepSeek Coder：你的智能编程小助手

如果你对编程感兴趣，DeepSeek Coder 可以帮助你生成简单的代码、检查代码错误和优化程序。无论你是刚开始学习编程，还是已经在做小项目，它都能给你提供帮助。

它能为你做什么？

·自动生成代码：根据你的需求生成简单程序，如计算器或小游戏的基础代码。

·代码优化和 Bug 修复：检查代码中的问题，并给出改进建议和解决办法。

·跨语言转换：将代码从一种语言转换到另一种语言（适用于进阶学习）。

示例指令：

"用 Python 写一个简单的计算器程序，支持乘、除运算。"

DeepSeek Coder 生成示例代码：

```
1    def multiply(x, y):
2        return x * y
3
4    def divide(x, y):
5        if y == 0:
6            return "错误：除数不能为零"
7        return x / y
8
```

```
 9   def calculator():
10       print("选择操作:")
11       print("1.乘法")
12       print("2.除法")
13       choice = input("请输入选择(1/2): ")
14
15       if choice in ['1', '2']:
16           num1 = float(input("请输入第一个数字: "))
17           num2 = float(input("请输入第二个数字: "))
18
19           if choice == '1':
20               print(f"{num1} * {num2} = {multiply(num1, num2)}")
21           elif choice == '2':
22               result = divide(num1, num2)
23               print(f"{num1} / {num2} = {result}")
24       else:
25           print("无效的选择")
26
27   if __name__ == "__main__":
28       calculator()
29
```

数据分析 —— 用 DeepSeek 轻松搞定数据

在学习中，我们经常需要整理和分析数据，例如考试成绩、实验记录和班级活动费用等。DeepSeek 能帮助你将这些数据整理成清晰的报告或图表，让你更好地理解和掌握这些数据。

它能在数据分析中为你做什么？

· 成绩统计与分析：分析考试成绩，找出哪些科目进步最大。

· 实验数据整理：快速整理实验记录，生成图表，帮助你理解和掌握科学数据。

· 活动费用分析：整理班级活动的经费支出，找出节省

开支的方法。

示例指令：

"我有一份班级郊游活动的费用清单，请帮我分析各项费用的占比，并生成一份简单的报告。"

DeepSeek 可能生成的结果：

班级郊游活动费用分析报告

·总花费：2000 元

各项支出占比：

·门票：35%

·餐饮：25%

·交通：20%

·其他：20%

建议：

·考虑申请团体优惠门票；

·控制餐饮费用，选择性价比更高的方案。

（同时生成了一个饼状图，直观显示各项费用占比）

校园活动策划 —— 用 DeepSeek 创意打造精彩活动

在学校里，无论是班会、春游还是义卖活动，一个有创意的活动策划总能让大家眼前一亮。DeepSeek 可以帮助你生成活动方案、写宣传语和策划报告，让你的班级活动更加生动有趣。

它能为你做什么？

·**设计活动方案**：帮你制定活动流程、合理安排时间和总结注意事项。

·**撰写宣传文案**：根据活动主题生成生动有趣的宣传语，吸引同学参与。

·**提供创意点子**：给出活动亮点建议，让整个活动更有看点。

示例指令：

"帮我写一份关于班级春游的活动策划方案，要求包含活动流程、时间安排、注意事项和宣传语，宣传语的语言要活泼有趣。"

DeepSeek 可能生成的示例方案：

班级春游活动策划方案

·活动时间：5 月的某个晴朗周末

·活动流程：

1. 集合出发，前往郊外公园。

2. 到达后进行团队小游戏，增进友谊。

3. 午餐时间，共享自制美食。

4. 自由活动与自然探索。

5.总结分享，合影留念。

·注意事项：

1.穿舒适的衣服和鞋子。

2.注意安全，保持队形。

3.带上水和适量的零食。

·宣传语：

"跟着我们一起出发，发现春天的小秘密！"

 学习关卡

关卡1：高级写作体验

用"拆分任务"和"设定角色"技巧，要求 DeepSeek 帮你写一个关于"利用 AI 改善学习方法"的励志故事。

关卡2：编程小实验

让 DeepSeek 帮你生成一个简单的"成绩计算器"程序，再尝试优化代码，提高运行效率。

关卡3：数据报告挑战

整理你们班最近一次考试的成绩，利用 DeepSeek 分析数据，生成图表和总结报告。

关卡 4：校园活动创意

设计一份班级活动方案和宣传语，看看 DeepSeek 能否为你带来意想不到的创意灵感！

你已收获

在这一节中，你学会了：

· 高级提问技巧：掌握了让 DeepSeek 给出精准答案的四大技巧。

· 跨领域应用能力：学会了如何将 DeepSeek 应用于编程、数据分析和活动策划等多个领域。

DeepSeek：
和你一起高效学习

到目前为止，你已经学会了用 DeepSeek 写作文、翻译、写代码、整理数据等基础操作。接下来我们将学习如何让

DeepSeek 更加"懂你"——也就是说，通过一些简单的定制操作，让 DeepSeek 记住你的需求，按你的风格回答问题，帮助你在小组作业和班级项目中更好地与团队成员协作！

◆ 定制你的专属 AI 助手

让 DeepSeek 记住你的需求（长期记忆）

想象一下，DeepSeek 就像一个贴心的小伙伴，跟你聊得越多，就越能记住你的喜好和学习需求。这样你以后提问时，就不用重复说明自己的情况了！

让 DeepSeek 记住你的需求为什么很重要？

·减少重复输入：不用每次都说明"我是中学生，我需要简单明了的答案"。

·更个性化：DeepSeek 会根据你的习惯和喜好，给出更符合你需求的答案。

·越用越懂：随着时间的推移，DeepSeek 会提前预判你可能需要什么帮助。

你可以让 DeepSeek 记住的信息：

·学习背景：如"我是中学生，数学比较薄弱"。

·关注学科：如"我特别需要语文和数学知识的详细

讲解"。

·学习目标：如"我的目标是提高数学成绩，特别是几何和代数"。

示例指令：

"请记住，我是一名中学生，数学是我的弱项，希望你分析数学问题时详细分步讲解并举例说明。"

示例提问：

"帮我解这道几何题。已知 AB ∥ CD，直线 EF 分别与 AB、CD 相交于点 O_1 和点 O_2。$\angle EO_1B=135°$，求 $\angle CO_2E$ 的度数。

DeepSeek 可能回答：

根据你的学习背景，这道几何题的解答步骤如下：

1. 先画出图并标出已知角的度数；

2. 运用平行线的性质分析未知角的度数；

3. 列出等式计算，最终答案为 45°。

自定义指令与个性化回答

除了让 DeepSeek 记住你的基本信息，你还可以告诉它如何回答问题。你可以选择：

·回答风格：正式、轻松幽默或逻辑严谨。

·**回答方式**：详细讲解、简洁总结或分步解析。

·**专业程度**：学术型（有准确数据）或实用型（有生活例子）。

示例指令：

·"请用轻松幽默的风格解释这道数学题，并举一个生活中的例子。"

·"用三句话总结一下地球自转的过程。"

·"请分步讲解这道几何题，要符合中学生的理解能力。"

◆ DeepSeek 与团队协作

在班级项目、小组作业或社团活动中，如何高效沟通、整理资料和分配任务非常重要。DeepSeek 可以帮助你：

·自动整理讨论记录；

·生成任务清单；

·快速撰写会议通知或总结报告。

让 DeepSeek 成为你的团队小助手

你可以把 DeepSeek 当作"虚拟小秘书"，帮助大家完成以下工作：

·**整理会议记录**：输入讨论内容，让 DeepSeek 提炼出关键要点。

·分配任务：根据会议内容，生成任务列表并推荐负责人。

·优化沟通：快速生成通知、提醒信息，确保信息传达及时、准确。

示例指令：

"请总结下面这段班级讨论记录，提炼出 3 个核心要点和 3 个待办事项。"

（输入讨论记录，如：讨论班级春游计划，确定出发时间、活动安排及注意事项）

DeepSeek 可能输出的内容：

会议要点总结：

1. 确定出发时间为下周五。

2. 活动安排包括团队游戏、野餐和自由活动。

3. 安全注意事项需提前告知家长。

待办事项：

1. 安排车辆和家长接送。

2. 确定活动地点的安全措施。

3. 制定详细的活动流程。

在协作平台中的应用

如果你们班或小组使用一些简单的电子协作工具（比如共享文档或班级 QQ 群），你也可以：

·用 DeepSeek 整理长文档或会议记录，生成简洁的摘要；

·自动生成通知，提醒大家会议或作业截止时间；

·生成任务清单，让每个人都知道自己要完成的任务。

示例指令：

"请帮我写一则通知，提醒大家明天下午 3 点在教室开会讨论班级活动。"

◆ 高级功能：用 API 将 AI 嵌入你的项目中

对于对编程感兴趣的同学来说，API 是应用程序编程接口，它就像是一座桥梁，让你的程序可以和 DeepSeek "对话"，实现自动回复、内容生成、数据分析等。虽然这部分内容有点复杂，但我们将用最简单的方式来理解它的作用：通过 API，你可以把 AI 的功能接入到你自己的小程序中，例如：

·智能问答：让程序自动回答同学们常问的问题。

· 自动生成内容：用于生成作文、总结报告等。

· 数据整理：自动处理输入的数据，生成图表和报告。

简单示例（Python 代码）：

```python
import requests
# 配置参数
API_KEY = "替换为你的API密钥"  # 替换为你的API 密钥
API_URL = "https://api.deepseek.com/v1/chat/completions"
# 请求头配置
headers = {
    "Content-Type": "application/json",
    "Authorization": f"Bearer {API_KEY}"
}
# 请求体配置
payload = {
    "model": "deepseek-chat",
    "messages": [
        {
            "role": "user",
            "content": "请用三句话总结地球自转的过程。"
        }
    ]
}
try:
    # 发送POST请求
    response = requests.post(
        url=API_URL,
        headers=headers,
        json=payload,
        timeout=10
    )
    # 检查HTTP状态码
    response.raise_for_status()
    # 解析并打印JSON响应
    print(response.json())
except requests.exceptions.RequestException as e:
    # 处理请求异常
    print(f"请求出错: {e}")

except ValueError as e:
    # 处理JSON解析异常
    print(f"JSON解析出错: {e}")
```

（注：这只是一个简单示例，实际操作可能需要老师或家长指导。）

API 的简单使用场景

场景示例：

·智能问答系统：同学们可以用它来自动回答常见问题，比如"如何解答一道数学题"。

·自动生成报告：输入你的实验数据，自动生成简单的趋势报告或总结。

 学习关卡

关卡 1：个性化定制实操

根据自己的需求，向 DeepSeek 下达定制指令，并记录下 DeepSeek 的回答效果。

关卡 2：团队协作挑战

在小组作业中，试着利用 DeepSeek 整理会议记录或生成任务清单，然后和小组成员讨论改进建议。

关卡 3：编程尝试

如果你对编程感兴趣，可以在老师的指导下尝试运行 API 示例代码，体验让 DeepSeek 自动生成内容的过程。

在这一节中，你学会了：

提问定制能力：你学会了如何通过指令让 DeepSeek 记住你的学习背景和喜好。

个性化回答技巧：你掌握了设置回答风格和方式的方法，能够让 DeepSeek 给出更贴近你需求的答案。

信息整合能力：你学会了如何利用 DeepSeek 快速整理信息和生成任务清单。

高效沟通技巧：你掌握了用 DeepSeek 撰写通知和会议总结的方法，使团队沟通更顺畅。

编程应用意识：你了解了如何通过 API 将 AI 的功能集成到你的小程序中。

技术探索精神：即使你还不熟悉编程，这部分内容也为你今后进一步探索打下了基础。

未来思维：你开始了解 AI 技术的发展趋势，并学会了展望未来的可能性。

创新意识：你学会了思考如何将新技术应用到日常学习和生活中，为未来做好准备。

适合用 DeepSeek 辅助学习的 12 个方法

在学习中，我们常常会遇到记忆困难、思路不清或者不知道如何运用知识的问题。下面介绍 12 个简单有趣的学习方法，配合 DeepSeek 的提示和工具，让你学得更轻松、更高效！

◆ 记忆效率法则——记得快，忘得慢

1. 故事锚点法

目的：利用有趣的故事帮助记住看起来枯燥的词语。

问题示例：

记住 3 个你常用的学习用品：铅笔、橡皮、书包。

指令示例：

"请用'铅笔、橡皮、书包'编一个侦探故事。"

示例故事：

小明的铅笔不见了，他决定像侦探一样寻找线索。他仔细检查书桌，发现橡皮上有一道淡淡的铅笔印，像是铅笔被拖动的痕迹。小明顺着这个方向，发现铅笔印指向书包。他打开书包，仔细搜寻，最终在一个小侧袋里找到了那支失踪的铅笔。原来，铅笔是不小心从书桌上滑落，碰到橡皮后滚进了书包侧袋里。小明通过观察橡皮上的线索，成功"破案"，他感到非常开心，觉得自己就像一个真正的侦探一样厉害。

效果：

通过有趣的故事情节，帮助你更快记住这些词。

2. 空间记忆宫殿

目的：把需要记住的步骤或内容和熟悉的空间场景联系起来。

问题示例：

记住你每天早上要做的 5 件事情：起床、洗脸、吃早餐、整理书包、出门上学。

指令示例：

"请用房间里的各个地方来代表早上要做的 5 件事情，

即起床、洗脸、吃早餐、整理书包、出门上学。"

示例答案：

- "卧室床头的闹钟"代表"起床"

- "卫生间"代表"洗脸"

- "厨房"代表"吃早餐"

- "书桌"代表"整理书包"

- "大门"代表"出门上学"

效果：

每当你走过这些地方时，就会自然想起要做的事情，加深记忆。

3. 矛盾刺激法

目的：用生动的情景帮助记忆容易混淆的知识点。

问题示例：

有时你可能会混淆两个数学公式，比如：

- 长方形面积 = 长 × 宽

- 三角形面积 =（底 × 高）÷ 2

指令示例：

"请用有趣的场景帮助我区分长方形面积和三角形面积的计算公式。"

示例答案：

想象你有一个长方形的比萨，当你沿着对角线把它切成两半时，你发现比萨变成了两个三角形的，而其中一个三角形的比萨正好是整个比萨的一半。

效果：

通过形象的场景描述，你会更容易记住公式之间的区别。

◆ **思维训练法则——学会思考，比死记硬背更重要**

4. 费曼迁移术

目的：把复杂的知识用简单的语言解释出来，从而检验自己是否真正理解。

问题示例：

理解"边际效用递减"这一概念。

指令示例：

"请给 8 岁的小朋友讲解'边际效用递减'。"

示例解释：

吃第一个冰激凌超级开心，但如果连续吃 5 个，你可

能会觉得没那么开心了，而且会感觉肚子不舒服。意思就是，吃得越多，快乐反而减少了。

效果：

简单的讲解可以帮助你发现自己没理解透的地方。

5.多维度论证法

目的：从不同角度思考问题，列出支持某个观点的理由。

问题示例：

讨论"每天运动对身体有好处"。

指令示例：

"请列出支持'每天运动对身体有好处'的理由。"

示例答案：

· 运动可以让身体更健康，增强免疫力。

· 运动能让大脑得到放松，提高学习效率。

· 每天运动能让你交到更多朋友，更开心。

效果：

让你学会多角度思考问题，避免只从一个方面看问题。

6.三视角原则

目的：从多个层面全面分析一个问题。

问题示例：

为什么有的同学会长时间看短视频？

指令示例：

"请从 3 个角度（比如个人、家庭、学校）分析同学们长时间看短视频的原因。"

示例答案：

·个人角度：短视频让大脑得到即时奖励，感觉特别有趣。

·家庭角度：家长可能没有对孩子看短视频进行严格的时间限制。

·学校角度：学校和老师可能没有足够的时间提醒大家合理安排时间。

效果：

帮助你从不同层面考虑问题，提出更完整的解决方案。

◆ 知识应用法则——学以致用，解决问题

7. 跨界映射法

目的：用你熟悉的事物来帮助理解抽象的概念。

问题示例：

有时你可能觉得分数的概念很抽象，不太好理解。

指令示例：

"请用分蛋糕的例子来解释分数。"

示例答案：

如果你有一块蛋糕，把它切成 4 份，每一份就是这块蛋糕的 1/4。如果你吃了两份，就是吃了蛋糕的 2/4，也就是 1/2。

效果：

通过现实生活中的例子，使抽象的数学概念变得直观易懂。

8. 问题拆解树

目的：把一个大问题拆分成多个小问题，一步步找出解决方法。

问题示例：

如何提升你的数学成绩？

指令示例：

"请帮我构建一个三级分支的问题树，找出提升数学成绩需要注意的部分。"

示例导图：

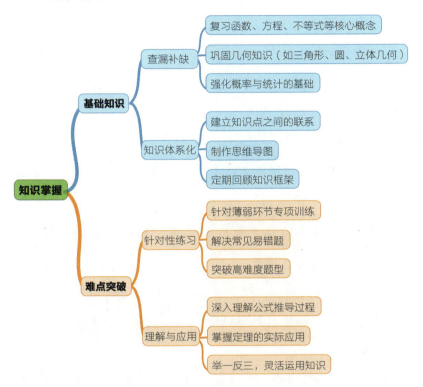

效果：

让你更清晰地看到问题的各个方面，并有针对性地制订学习计划。

9.反脆弱训练

目的：刻意制造一点挑战，让自己在困难中不断进步。

问题示例：

有些同学觉得英语听力总是跟不上。

指令示例：

"请给我提供一些办法，让我通过听比较快或者带口音的英语来训练听力。"

示例答案：

·用 1.2 倍速播放英语录音，反复听同一段录音，直到完全理解。

·听带有不同口音的英语材料，可以观看 TED 演讲，也可以收听国际新闻等。

·听一段材料，只记录关键词。根据关键词和上下文推测完整内容，听完后对照原文，检查猜测的准确性。

效果：

经过一系列挑战后，你会逐渐适应各种听力环境，英语听力不断提升。

◆ **学习设计法则——让学习更有趣、更高效**

10. 游戏化心流设计

目的：让学习过程像玩游戏一样有趣，激发学习动力。

问题示例：

有些同学不喜欢背古诗。

指令示例：

"请设计一个关于古诗的闯关游戏。"

示例答案：

·关卡 1：正确朗读古诗，解锁小动画奖励；

·关卡 2：默写正确率达到 80% 以上，获得荣誉称号奖励。

效果：

通过游戏闯关和奖励机制，激发你主动学习的兴趣。

11. 多感官编码

目的：利用多种感官（听觉、视觉、触觉等）共同学习，帮助记忆更深刻。

问题示例：

记不住地理课上季风气候的特点。

指令示例：

"请调动听觉、视觉和触觉等来讲解季风气候。"

示例答案：

1. 听觉

目标：通过声音表现季风气候的季节变化。

方法：改编歌曲

将季风气候的特点编成简单的歌词，配上熟悉的旋律。例如：

夏季风："湿润的风，从海洋吹来，带来雨水，滋润大地。"

冬季风："干燥的风，从陆地吹去，带走湿气，留下晴朗。"

2. 视觉

目标：用图像直观展示季风气候的特征。

方法：地图标注

用不同颜色的箭头标注季风方向：

红色箭头代表夏季风（海洋→陆地）。

蓝色箭头代表冬季风（陆地→海洋）。

3. 触觉

目标：用动作模拟季风气候的形成和变化。

方法：手摇风扇模拟

夏季风：风扇从"海洋"（一侧）吹向"陆地"（另

一侧）。

冬季风：风扇从"陆地"吹向"海洋"。

效果：

通过多种感官同时参与学习，让知识记得更牢固。

12. 认知摩擦策略

目的：在学习过程中增加一些小难度，迫使自己多思考，不轻易走神。

问题示例：

读书时总觉得无聊，容易走神。

指令示例：

"请在每节学习内容后面加入一个互动思考题，如这段话和前面讲的内容有什么联系？如果你是作者，你会如何验证这个结论？"

效果：

不断提醒自己思考和回顾，加深理解，提高注意力。

学以致用

从 12 个方法中选择 3 个你觉得最有趣的方法，每个方法练习 3 分钟，记录下你的体验，再和同学分享你的心得。

 你已收获

在这一节中，你学会了：

记忆技巧：通过故事锚点法、空间记忆宫殿和矛盾刺激法，你掌握了如何利用有趣的故事、熟悉的空间和生动的场景来帮助记忆枯燥的词语和容易混淆的知识点，让记忆变得更加高效和有趣。

思维训练：运用费曼迁移术、多维度论证法和三视角原则，你学会了用简单语言解释复杂知识，从多个角度思考问题，并全面分析问题，从而提升了思维的全面性和深度。

知识应用：借助跨界映射法、问题拆解树和反脆弱训练，你掌握了如何将抽象知识与现实事物联系起来，把大问题拆解为小问题，并通过挑战训练提升能力，真正做到了学以致用。

学习设计：通过游戏化心流设计、多感官编码和认知摩擦策略，你学会了如何让学习过程变得有趣、多样，并通过增加小难度来提高注意力和学习效率。

现在，你已完成整个学习冒险！通过学习本书的内容，你不仅了解了 AI 的基础知识和应用方法，还规划了自己的未来学习路径。无论是在学业还是职业发展中，希望未来你能成为 AI 领域的达人，用科技改变生活、服务社会！

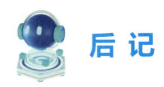

后 记

AI 时代，你我共进

当你翻到这里时，我们的学习冒险就告一段落了。但对于你来说，这只是开始。通过这本书，你或许已经了解到，人工智能不仅是一种技术，更是一种重新认识世界的工具。它是创造力的催化剂，是解决问题的利器，也是通往未来的桥梁。

在 AI 时代，每一个人都可以成为改变世界的一分子。或许你会用 AI 设计一款环保应用，或许你会用它写出一本令人惊叹的小说，甚至还可能用 AI 探索宇宙的奥秘。无论哪一种选择，AI 工具始终在你的手中，等待你去创造和发现。

未来的世界充满了不确定性，但有一点可以肯定：那些愿意学习、敢于尝试、能够承担社会责任的人，将是时代的引领者。而你已经迈出了第一步。

最后，我想对你说——感谢你的坚持与阅读。愿你始终保持对知识的好奇心、对未知的探索欲，以及对社会的责任感。无论你未来成为科学家、艺术家、教师，还是一个默默无闻但内心充实的人，AI都将是你实现梦想的伙伴。

让我们相约在未来的某一天，或许在那里，我们会因AI再次重逢。愿你的未来充满无限可能！

100 个常见 AI 问题

以下是 100 个常见 AI 问题，涵盖学习、生活、兴趣培养、自律管理等方面，专为中小学生及家长设计，帮助他们高效使用 AI。

学习方面

1. 如何用 AI 提高学习效率？

2. AI 能帮我做作业吗？

3. 用 AI 检查作文的语法错误靠谱吗？

4. AI 可以帮我总结课文的重点吗？

5. 我想背单词，AI 有好的方法推荐吗？

6. AI 可以帮我出模拟考试题吗？

7. 怎样用 AI 练习数学计算？

8. 如何用 AI 提高我的阅读理解能力？

9. 我有一道题不会做，怎么问 AI 才能得到详细解答？

10. AI 可以帮我记忆历史时间线吗？

11. 如何用 AI 快速找到适合我的学习资料？

12. AI 可以帮我整理笔记吗？

13. 用 AI 学外语有哪些好用的方法？

14. AI 可以给我讲一个物理现象的原理吗？

15. 怎样用 AI 制订学习计划？

16. 用 AI 学编程，应该从哪里开始？

17. 我想做一个科学实验，AI 可以帮我设计方案吗？

18. 如何用 AI 准备大考？

19. AI 能帮我查资料、写小论文吗？

20. 怎样用 AI 提升我的写作水平？

自律与时间管理方面

21. AI 可以提醒我按时完成作业吗？

22. 如何用 AI 制定我的每日学习目标？

23. 我想克服拖延症，AI 能帮忙吗？

24. 用 AI 管理时间有哪些好方法？

25. AI 可以监督我学习吗？

26. 如何用 AI 设计一个合理的作息时间表？

27. AI 可以帮我分析我的学习习惯吗？

28. 怎样用 AI 建立学习打卡记录？

29. 我在学习时总分心，AI 能给我建议吗？

30. AI 可以帮我减少手机使用时间吗？

兴趣与特长发展方面

31. AI 能帮我学习画画吗？

32. 我想学钢琴，AI 能当我的音乐老师吗？

33. AI 可以帮我写一首原创歌曲吗？

34. 怎样用 AI 学习一项新技能？

35. AI 能推荐一些有趣的科学小实验吗？

36. AI 可以教我讲笑话吗？

37. 我喜欢写小说，AI 能帮我构思故事情节吗？

38. 如何用 AI 制作一个简单的动画？

39. AI 能帮我练习演讲吗？

40. 我想了解天文学，AI 能推荐学习资源吗？

生活与成长方面

41. AI 能帮我安排周末的活动吗？

42. 我想做一个健康饮食计划，AI 能帮忙吗？

43. AI 可以给我推荐简单又健康的食谱吗？

44. AI 能帮我养成早睡早起的习惯吗？

45. AI 能帮我筛选好书进行阅读吗？

46. AI 可以给我讲一个有趣的故事吗？

47. 我很焦虑，AI 可以帮我放松吗？

48. AI 能教我冥想或者练瑜伽吗？

49. 我有一个奇怪的问题，AI 能解答吗？

50. AI 可以推荐适合中学生的电影吗？

技术与 AI 应用方面

51. 如何用 AI 生成一张创意海报？

52. 我想学人工智能的基本知识，AI 能教我吗？

53. AI 可以帮我做一份简历吗？

54. 怎样用 AI 画图？

55. AI 能教我用 Python 编写程序吗？

56. 如何用 AI 生成一个数据分析报告？

57. AI 可以帮我设计一个小游戏吗？

58. 我想制作一个网页，AI 能教我吗？

59. AI 可以生成一份科学报告的模板吗？

60. 用 AI 完成小组作业有什么技巧？

AI 辅助学习方面

61. 用 AI 查找学习资料有哪些技巧？

62. AI 翻译工具好用吗？

63. AI 能推荐一款好用的背单词 App 吗？

64. 我想用 AI 设计一个思维导图，应该怎么做？

65. AI 可以帮我制作一个课件吗？

66. 怎样用 AI 做知识卡片？

67. AI 可以推荐一些免费的学习资源吗？

68. AI 能教我用工具写代码吗？

69. 用 AI 制订复习计划有什么步骤？

70. AI 能分析我的学习薄弱点吗？

家庭与社交方面

71. AI 可以帮家长检查孩子的作业吗？

72. 怎样用 AI 和朋友一起学习？

73. AI 可以帮助家长了解孩子的学习进度吗？

74. 用 AI 可以制订家庭活动计划吗？

75. AI 能帮我给朋友写信吗？

76. 我想办一个主题小派对，AI 可以帮忙出点子吗？

77. 怎样用 AI 找到志同道合的学习伙伴？

78. AI 能教我怎么说服父母同意我的想法吗？

79. AI 可以帮我练习与人沟通的技巧吗？

80. 用 AI 记录家庭账单有什么方法？

未来规划与探索方面

81. AI 可以帮我了解未来的职业发展方向吗？

82. 我想考一个名校，AI 能给我建议吗？

83. AI 可以帮我准备面试吗？

84. 怎样用 AI 规划我的职业生涯？

85. AI 能分析不同职业需要的技能吗？

86. AI 可以推荐未来有潜力的职业吗？

87. 用 AI 可以了解大学有哪些课程吗？

88. AI 能帮助我探索未来科技的趋势吗？

89. AI 能帮我参加科技竞赛吗？

90. 如何用 AI 培养创新思维？

趣味与探索方面

91. AI 能教我怎么解魔方吗？

92. AI 可以帮我做手工吗？

93. 我想了解恐龙的知识，AI 能教我吗？

94. AI 能推荐一些有趣的历史事件吗？

95. 怎样用 AI 探索宇宙的奥秘？

96. AI 能帮我识别一种植物或动物吗？

97. 我想学习天文观测，AI 能指导我吗？

98. AI 可以教我设计一套桌游规则吗？

99. AI 能推荐一些有趣的物理实验吗？

100. AI 可以和我一起写一本小说吗？

附录 2

适合中小学生使用的 AI 工具

以下是一些适合中小学生使用的 AI 工具，以及它们的主要功能和适用场景。

1. 豆包爱学

功能描述：讲解题目和知识点、错题收录、中英文作文写作指导。

适用场景：做作业、撰写中文或英文作文时使用。

2. 海豚 AI 学

功能描述：制订个性化的学习计划，省时省力，10 分钟讲透一个知识点。

适用场景：预习、课后复盘、巩固知识点时使用。

3. 有道小 P

功能描述：精准翻译、智能查词、语法纠错，自动总结知识点，对话式答疑，引导孩子主动思考。

适用场景：学习英语、背单词、撰写英文作文、练习口语时使用。

4. 光速写作

功能描述：自动批改作文，点评文章优点和不足，针对个别语句使用进行思路点拨。

适用场景：完成作文后自查、优化时使用。

5. 夸克—AI 全能助手

功能描述：提供信息搜索、语音识别、问答等多种功能。

适用场景：适合中学生进行日常的信息检索和简单的智能问答，辅助学习过程中的信息收集与理解。

6. Photomath

功能描述：拍摄数学题目，提供解题步骤和答案。

适用场景：数学作业中遇到困难时使用。

7. Wolfram Alpha

功能描述：解决复杂数学和科学问题的知识引擎。

适用场景：需要深入理解某个概念时使用。

8. Coursera

功能描述：提供与大学合作的在线课程，利用 AI 推荐学习内容。

适用场景：拓展知识面时使用。

9. Edmodo

功能描述：学生与教师的社交学习平台，用 AI 分析学习进度。

适用场景：课堂交流和提交作业时使用。

10. Quizlet

功能描述：创建和分享学习卡片，用 AI 推荐学习集。

适用场景：记忆单词或概念时使用。

11. Knewton

功能描述：自适应学习平台，提供个性化学习路径。

适用场景：进行针对性练习时使用。

12. Brainscape

功能描述：基于认知科学的学习卡片工具，AI 优化复习间隔。

适用场景：高效记忆时使用。